KB274969

화술통달 뚝심 유머

화술통달 뚝심 유머

화술통달 뚝심 유머

찍은 날 · 2002년 9월 5일
펴낸 날 · 2002년 9월 10일

지은이 · 이기원
본문컷 · 김행용
펴낸이 · 임종대
펴낸곳 · 미래문화사

등록 번호 · 제3-44호
등록 일자 · 1976년 10월 19일
주소 · 서울시 용산구 효창동 5-421
전화 · 715-4507/713-6647
팩시밀리 · 713-4805
E-mail · miraebooks@korea.com
         mirae715@hanmail.net

ⓒ2002, 미래문화사
ISBN 89-7299-234-8

정가 · 8,000원

화술통달 뚝심 유어

이기원 지음

미래문화사

차례

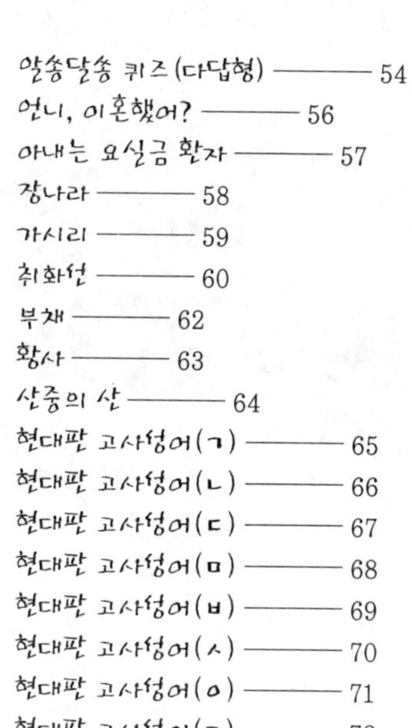

볼링?
서울
1000

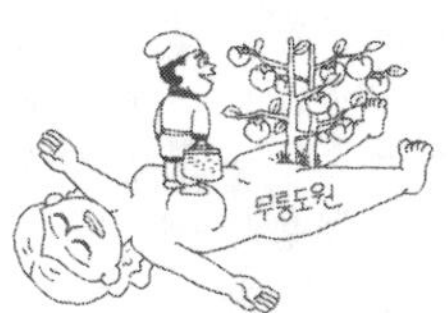

무릉도원

청석!…
내구멍으로
들어오지만
시끄럿!
난 대도무문이야

싫어싫어!
손주 녀석이 빨리 죽으라잖아!
천당

남탕
여탕
음탕

나라
장례식장
장장나라

제가 아직
무면허라…

돌? 돌아버리겠구만

태어나서 1년이 되자 동네 사람들을 초청하여 돌잔치를 하는데 사람마다 끌어안으며 한마디씩 한다.

A: 그녀석 이쁘기도 하지? 크면 제비 될라.
B: 눈이 초롱초롱한 게 장군 되겠어, 똥장군!
C: 왠 발이 이리 크지? 발발이가 될 것 같은데….
D: 돈이 덕지덕지 붙었어. 쩐쩐쩐….
하루종일 시달린 돌아이는 기진맥진했고 저녁 무렵 한마디를 남겼다.

"돌잔치 두 번만 했다간 또라이 되겠다. 정말이지 돌아버리겠구만…."

골동품

결혼 30주년을 앞둔 짱구 부부가 친구 생일에 초대되었다.
골동품 수집 전문가인 친구는 매우 반갑게 맞이하였는데 식사
가 끝나고 골동품 전시장을 둘러본 후 친구가 말하였다.

"여기 있는 골동품들은 전부 30년 이상 된 거라네."
"대단하네. 가장 싼 것이 얼마나 하지?"
"한 500만 원 정도는 하겠지?"
"그럼 두 개를 저당잡히면 1,000만 원 빌려 줄 수 있나?"
"어떤 물건인데?"
"돈이 급한데…, 일주일 후면 우리
부부 결혼 30주년이거든!"

궁시렁 궁시렁: ㅠ.ㅠ;;
　　　　피잉~(코푸는 소리)

낚시광의 실력

경력 30년의 낚시광인 N씨는 주말이면 홀로 낚시를 간다. 항상 대어를 낚아 마누라를 기쁘게 해 주던 N씨는 이날따라 고기가 한 마리도 잡히지 않자 자존심이 상했다.

그러다가 꼬박 24시간을 허탕친 후 비상한 결심을 한 다음 도구들을 챙긴 뒤 집으로 돌아와 초인종을 울렸다.

"여보! 나 왔소."

마누라는 입가에 미소를 머금으며 문을 열었다.

"오늘은 얼마나 큰놈을 잡았어요?"

그런데 웬 젊은 여자와 함께 서 있지 않은가.

마누라가 당황해 하고 있는데 N씨는 태연하게 말했다.

"글쎄, 잔챙이는 한 마리도 안 잡히고, 170cm의 싱싱한 인어가 잡히지 않겠어? 잡느라 애먹었는데 도망치지 못하게 간수 잘하구려."

궁시렁 궁시렁: 능청은~ -.-

밀림

하교시간이 되어 시내버스를 탔다.

다음 정류장에서 학생들이 많이 타서 가득 찼는데 잠시 후 진풍경이 벌어졌다.

학생A: 야, 임마! 일어나.

학생B: 내가 먼저 앉았는데 왜 일어나냐?

학생A: 이 자식이 까불고 있어.

학생B: 내가 키냐 까불게.

학생A: 뭐라? 감히 '밀림의 왕자'에게….

학생B: 니가 왕자면 나는 '밀림의 왕'이다.

학생A: (주먹을 불끈 쥐며) 너 다음에서 내려.

학생B: 때가 되면 알아서 내린다.

학생A: 으휴! 이걸. '밀림의 왕자' 체면이 완전히 구겨졌다.

학생B: 밀림 속에 혼자만 사는 줄 아는 모양이지.

여전히 버스는 만원이고 갈 길은 먼데 교통체증으로 인해 계속 밀리고 있었다.

궁시렁 궁시렁: 인간 ≒ 사회적 동물

왕건이

　친구 둘이 짬뽕을 먹기로 합의한 후 중국집에 들어갔다. 허기진 탓에 젓가락질을 몇 번 하니 금세 건더기가 없어지고 국물만 남게되자, 아쉬운 마음으로 마지막 젓가락질을 해 보았다.

　그런데 의외로 짤린 오징어 뒷다리가 걸리자 환호성을 질렀다.
　"야, 왕건이다 왕건이…."
　보고 있던 친구가 맞장구쳤다.
　"왕건이 끝난 지 오래됐어 임마. 지금은 제국의 아침이야, 제국의 아침!"

이성에 일찍 눈을 뜬 L은 결혼 후 입대하였다.

신병교육대에서 총검술을 하는데 약간 힘이 들었다. 오전 일과가 끝나자 교관이 소리쳤다.

"수고했다. 13시까지 전원 연병장에 집합이다. 해산!"

땀을 뻘뻘 흘리면서 내무반으로 들어가려는데 위병소에 어떤 여자가 서 있는 것이 눈에 띄었다.

자세히 바라보니 마누라였다. L은 급히 달려갔다.

"아니, 어떻게 된거요. 면회도 안 되는데……."

아내는 아랫배가 남산처럼 불러 있었다. 이를 보고 남편이 신기한 듯 한마디 했다.

"우리도 금방 해산했는데 당신도 해산할 때가 됐구려."

수학은 어려워

중학교에 다니는 짱구는 수학 과목이 제일 싫었다.

하루는 수학 시간인데 선생님께서 칠판에 문제를 적더니 짱구를 지명했다.

"짱구야! 이리 나와서 이 문제를 인수분해 해 볼래?"

얼떨결에 자리에서 일어나 앞으로 나온 짱구는 한참 생각하다가 위기를 모면하였다.

"선생님! 저는 '인수'가 아니라서 잘 모르겠는데요. '분해'만 하면 안 될까요?"

궁시렁 궁시렁: 깨는 놈이 있어야 판이 바뀐다!

남편 죽이기 (1)

연상의 여인과 사는 부부가 있었는데 새벽 6시가 되자 알람이 울어댔다. 그러자 남편이 얼른 정지를 시키면서 말했다.

"마나님! 기침하실 시간인데요."
"감기도 안 걸렸는데 무슨…. 5분만 더 있다가…."
"그럼, 제 출근 시간이 늦어지는데요."
"알았어. 2분 깎아서 3분만 있다가…."
"좀 주물러 드릴까요."
"오른팔만 주물러…. 어제 볼링을 너무 심하게 했나봐."

"오늘은 왼팔만 쓰시죠."
"되게 말 많네. 니가 밥해 먹고 가."
"그렇게 하지요. 암~요.누구 명령인데…."
"남편이란 게 꼭 송편처럼 생겨가지고…."

남편 죽이기 (2)

주방에 들어간 남편은 능수능란한 동작으로 아침상을 준비한다.

"마나님! 오늘 물은 몇 부로 할까요?"
"질퍽이지 말고 꼬들꼬들하게 7부만 부어."
"국은 어떻게 끓일까요?"
"된장 적당히 풀고 두부 한 모 썰어 넣으며 돼."
"그러다가 콧물이 내려오면 어떡하죠?"
"같이 풀어서 끓이면 될거 아냐!"
"그럼 코 된장국이 되겠네요."
"어차피 너만 먹을건데 무슨 걱정이야."
"그럼요 그럼요. 마나님은 다이나마이트 하셔야죠."
"어디서 꼬부랑 말은 주워 들어가지고…. 다이어트다."
"언제 두 글자가 줄었죠? 금세 빠졌나요?"

남편 죽이기 (3)

그럭저럭 민생고를 해결하고 출근 시간이 되었다.

"오늘은 어떤 옷을 입고 가죠?"
"바지하고 저고리를 입어야지. 빤스에 런닝 입을래?"
"지당하신 말씀입니다요."
"그런데 오늘은 몇 시 퇴근이지?"
"저녁 여섯 신데요."
"난 7시에 계모임이니까 빨리 와서 설거지 해 놔."
"설 거진지 설거진지 그렇게 합죠."
"그리고 청소기로 구석구석 청소도 좀 하고…."
"알겠습니다요. 이제
저 출근합니다요."
"이따 낮에 수영장으
로 전화해."
"여부가 있겠습니
까. 누구 명령
이시라고…."

남편 죽이기 (4)

점심을 먹고 오후가 되자 여지없이 전화를 했다.

"거기 수영장이죠. 우리 마나님 좀 바꿔 주세요."
"누구신데요?"
"천만평이라고 하는데요."
그리고 잠시 후 마나님 목소리가 들렸다.
"자기야? 하루 굶고 갈비 10인분 뜯었더니 졸리운데….”
"견적이 꽤 나왔을 텐데~ 요."
"뭐야? 그 돈이 아깝다고?"
"아니, 잘했어요. 더 드세요."
"나 카드로 긁는다. 알았나!"
"얼마든지 긁으시소. 부스럼밖에 더 나겠능교."
"이따 밤에 보자고…. 죽여주께."

남편 죽이기 (5)

밤 10시가 되자 마나님이 들어왔다.

"설거지 했나? 청소도 하고…. 꺼억!"

"누구 분부시라고 감히 거절하겠습니까요."

"우리 이쁜 매미, 이리 오그래이."

"나 사랑해 줄려고요?"

둘은 고목나무에 매미가 매달린 자세로 열심히 사랑을 나누었다.

"마나님! 한 2kg은 빠졌겠지요."

"그걸로 되겠나, 20kg은 빼야 되는데…."

"획기적인 방법이 있는데요."

"어떤 방법인데…."

"카드 대신 엽서를 들고 다니면 어떨까요."

"알았데이. 내일은 연하장 좀 많이 사오그래이."

카드를 압수당한 마나님은 그 후 두 달이 채 안 되어 20kg을 거뜬히 뺏고 열심히 땀 흘리며 살고 있다더라.

핸드폰의 10가지 장점

1. 선이 필요없고 점조직만 있으면 된다.
2. 부들부들 떠는 진동음만으로도 알 수 있다.
3. 한밤중의 호신용 짱돌로 사용할 수 있다.

4. 항상 애인처럼 애지중지한다.
5. 한 번만 눌러도 전기(?)가 통한다.
6. 서울에 있으면서 부산이라고 해도 된다.
7. 주머니에 넣고 주물럭주물럭 가지고 논다.
8. 한 번 거는 방법을 알면 자꾸자꾸 걸어보고 싶다.
9. 주위의 눈치를 별로 살필 필요가 없다.
10. 가지고 놀다가 싫증나면 새것으로 바꿔도 된다.

송도 삼절

어느 날 황진이가 야한 복장으로 서경덕을 유혹하여 송도(지금의 개성)의 박연폭포에 이르렀다.

"어르신네, **여기서 잠시 쉬어 가시와요.**"
"여기가 어디더냐."
"시원한 물줄기를 보시고도 잘 모르겠사와요?"
"음! 시원하긴 한데 누가 싸고 있는고!"
"박연이라 하옵나이다."
"뭐라고? 대 선배님이 아니더냐. 우선 절부터 하자꾸나."
둘은 떨어지는 물줄기를 향해 큰절을 올렸고 폭포도 쉬지 않고 맞절을 했다.
이때부터 셋은 오누이처럼 지냈는데 유혹에 실패한 황진이가 투덜거리자 서경덕이 한마디를 남겼다.
"이것이 바로 자연과 인간이 조화를 이룬 이기 일원론이 아니더냐."

수로 부인

　신라 성덕왕 때 강릉 태수로 부임하는 순정공이 부인과 함께 수레를 타고 가는 중이었다.

　부인은 마치 자기가 태수인 양 사방을 두리번거리다가 대관령 자락의 험난한 벼랑에 핀 철쭉꽃을 발견했다.

　때는 5월이라 농민들이 바쁜 시기였고 길옆 수로는 물소리만 소리없이 흐느끼고 있었다.

　“영감! 저 꽃을 따 주세요.”

　“쯧쯧쯧…. 농민들 보기에 민망하지 않소?”

　“그래도 꼭 따줘야 해요.”

　마침 쟁기질을 하려고 소를 몰고 가던 할아버지가 그 말을 듣고 용기를 내어 절벽에 기어올라 꽃을 꺾어서 내려왔다.

“부인! 이 철쭉꽃을 받으시고 제발 철 좀 드세요.”

　부인은 너무나 기쁜 나머지 수레에서 껑충 뛰다가 수로에 빠지고 말았다. 그러자 이를 바라보던 태수가 한마디 했다.

　“당신은 어쩔 수 없이 수로 부인 해야 되겠소.”

중학생인 짱구는 봄볕이 내리쬐는 어느 일요일에 부모와 함께
도심 근처로 야유회를 갔다.
　한참 놀다가 아버지께서 말하셨다.
　"교외로 나오니까 참 좋다."
　그러자 어머니께서 맞장구를 치셨다.
　"우리 날마다 교외 나왔으면 좋겠어요."
　듣고 있던 짱구가 소리쳤다.

"난 교회는 싫어! 맨날 기도만 하고 돈만 내라고 그래."

산타 클로스

○○산악회에서 연말을 맞아 등반을 하기로 하였다.

이제 초보자인 S씨는 며칠 동안 산행을 하자 무척 힘들었다.

그리고 산행의 마지막 날이 크리스마스였는데 흰눈이 내리자 모든 대원들이 환호성을 질렀다.

"야호! 산타클로스가 오셨다. 빨리 가자."

S씨는 그 말에 귀가 번뜩였다.

"어떻게 하면 빨리 간다고요?"

한 대원이 소리쳤다.

"산 타 클로스가 오셨으니 빨리 가자구요."

S씨는 용솟음치는 기운을 느끼며 대꾸하였다.

"대각선으로 산을 타면 빨리 간다구요?"

기차다 기차

짱구는 태양이 작열하는 한여름에 기차를 타고 애인과 함께 피서를 떠났다.

그러나 에어컨이 작동되지 않아 찜통 같은 더위와 싸우다가 중간 휴게역에서 내려 아이스크림을 샀다.

그리고 애인에게 내밀었다.

"이거 먹어봐. 기차다 기차."

"그럼 버슨 줄 알았니?"

"맛이 기똥차다니까."

"똥을 차면 어떻게 되는데…?"

"뭐긴 뭐냐. 똥차지!"

"이 기차가 똥차라고? 어쩐지 냄새가 많이 나더라."

횡설수설

술주정뱅이인 H씨는 술만 마시면 동네 파출소에서 경찰과 입씨름을 한다.

"경찰 양반! 나와 술 한잔 합시다. 꺼억!"
"어디서 왠 술을 이렇게 마셨습니까?"
"오른손으로 술술 마셨으니 오른 술이지."
"이제 집으로 들어가 쉬세요."
"들어가 쉬라고? 내가 음식이냐? 쉬면 버려야 되잖아."
"그럼 쉬지 말고 일하세요."
"무슨 일! 굴 파는 일?"
"굴 파기 힘들면 굴 따기만 하시죠."
"호미나 갈구리가 있어야 파든지 따든지 하지."
"횡설수설 그만 하시고 제발 가세요. 일 좀 합시다."
"나더러 옆으로 설설 기고 수직으로도 설설 기란 말야? 설 되려면 아직 멀었구만!"
"이제 다 캐셨죠? 기지 말고 서서 가세요."

궁시렁 궁시렁:　　충 성!

윷판 개판

최대 명절 중의 하나인 설날이 되자 윷판이 벌어졌다. 두 팀이 열띤 응원과 함께 거의 막바지를 향해 가는데 개를 해야만 상대편 말을 잡고 역전승을 할 수가 있었다.

신중한 자세를 취한 윷놀이 선수는 "개야"하면서 던졌는데 걸이 나오고 말았다.

그러자 팀내 다른 선수들이 탄식을 내뿜었다.

"집에 있는 삽살개 데려와."

"개똥도 약에 쓰려면 없다더니….”

"홍걸이 말고 홍업이 어디 갔어?"

각자 한마디씩 하자 걸을 던진 선수가 무릎을 치며 말했다.

"야! 서서히 걸~ 어가서 개로 잡으면 되지?"

프로거지 아마 행인

어느 날 짱구가 지하도를 가는데 거지와 손님이 실랑이를 벌이고 있었다,

손님이 약간 화난 음성으로 소리쳤다.

"분명 만 원짜리 놓았는데 **거스름돈 9,000원을 왜 안 주냐고!** 이거 순전히 야바위 아냐?"

"당신이 그런 식으로 거지 돈을 등쳐 먹는 거 아냐?"

할 수 없이 짱구가 중재안을 내놓았다.

"여기 4,000원이 있소. 그럼 서로 5,000원씩 손해보는 셈이니 참으시죠."

짱구가 흐뭇해하면서 멀리 사라지자 거지와 손님이 손바닥을 마주치며 말했다.

"돈 벌기 쉽다, 그지? 저기 손님 또 오신다. 잘해!"

궁시렁 궁시렁: **여러부~ 운!!**
부~~자 되세요!!

반대말 퀴즈

짱구가 애인과 함께 커피숍에 앉아 시간 죽이기 게임을 하는데 먼저 입을 열었다.

"우리 이제 반대말 알아맞히기 할까?"
"좋아, 내봐?"
"넌센스의 반대말은?"
"그거 식은죽 먹기 아냐? '난 약한스'지."
"이번에는 좀 어려울 걸? '벌써'의 반대는?"
"그야 '나비 모아'지."
"판도라의 반대말은? 정말 모를 거야."
"음…. '판고정'이다. 맞지?"
"마지막으로 히딩크(HE THINK)의 반대는?"
"영어라 좀 어렵군."
"내가 이겼지? 답 가르쳐 줄까?"
"가만 있어봐…. 생각났다. '쉬액션(SHE ACTION)'."

그날 그 시간 이후로 짱구는 자기 애인을 스승으로 모셨다.

궁시렁 궁시렁: 헉- 뒤통수 맞았다.

사랑 이야기 (1)

사춘기가 되면 남녀간에 애틋한 사랑 감정을 느끼는 건 자연
의 법칙이다.

시대별 구애작전을 보자.
50년대: 고구마 좀 드실래요?
60년대: 눈깔사탕 드시죠.

70년대; 커피 한 잔 하실까요?
80년대: 극장표 2장이 있는데요.
90년대: 야, 탈래? 말래?
새천년: 나 돈 많아, 빨리 가자.

사랑 이야기 (2)

한참 사귀다가 청혼을 할 때가 되었다.

50년대: 한 그릇으로 나눠 먹으면 안 될까요.
60년대: 세끼 밥 안 굶길께요.
70년대: 손에 물 한 방울 안 묻히게 해드리겠습니다.
80년대: 호화 저택에서 마님 소리 듣게 할 겁니다.
90년대: 심심한데 한방 쓸까~요?
새천년: 대충 살자. 그러다 싫으면 갈라서고….

사랑 이야기 (3)

드디어 결혼하여 짜릿한 신혼살림을 차렸다.

50년대: 죽을 때까지 변치 말아요.
60년대: 사랑만 있으면 살 수 있어요.
70년대: 전세면 어때요?
80년대: 우리 집 맞아? 임대 아니지?
90년대: 32평이 뭐야, 50평은 되어야지.
새천년: 하루 한번만 하고 돈 벌자!

궁시렁 궁시렁:　　돈　돈　돈

豚　豚　豚

사랑 이야기 (4)

결혼한 뒤 강산이 한 번 변했다.

50년대: 그만 낳을 방법이 없을까요?
60년대: 보리밥이라도 많이 먹여야 할 텐데요.
70년대: 콘돔을 잘 쓰면 돼.
80년대: 둘 중 하나가 수술하면 되는데….
90년대: 비아그라 먹었어?
새천년: 신약이 나왔다던데, 뭐지?

사랑 이야기 (5)

결혼 30년이 지나자 부부 모두 검은머리가 마늘 뿌리로 변해 가고 있었다.

50년대: 두 끼면 어때요?

60년대: 잘하면 세 끼 먹을 수 있겠는데….

70년대: 좀더 벌어야 되겠지?

80년대: 이제 한숨 놓이네.

90년대: 나 할아버지 맞아?

새천년: 어디 취직할 데 없을까?

사랑 이야기 (6)

결혼 반세기가 지나자 망구가 되었다.

50년대: 전쟁만 없었어도 좋은 시상인데….
60년대: 난 힘없어. 일 못해.
70년대: 냄새난다고 전부 싫어해서 서글퍼.
80년대: 갈 때가 되긴 됐지?
90년대: 내 나이가 아직 청춘이라고?
새천년: 미쳤냐. 죽긴 왜 죽어!

뭐니? 머니!

두 연인이 한적한 시골길을 맹숭맹숭 걷고 있었다.
그러다가 개들이 야합(?)하는 것을 보게 되었다.
여자는 갑자기 거시기가 생각나자 남자에게 바짝 붙었다.

여자: 자기야, 왜 이렇게 춥니?
남자: 오뉴월에 감기 걸렸어?
여자: 나 지금 하고 싶단 말야.
남자: 잠깐…. 저기 퇴계 선생님이 누워 계신다.
여자: 어디?
남자: 어라, 이건 또 뭐야?
여자: 또 뭐니?
남자: 세종대왕님도 함께 계시잖아?
여자: 전부 얼만데?
남자: 가만 있어봐. 이만~칠천원인데… .
여자: 뭐니뭐니해도 머니가 최고다.
빨리 러브호텔로 가자.

미혼 남성이 뽑은 여성직업 BEST 5

1위: 간호원(옷벗고 누우세요.)

2위: 엘리베이터 걸(빨리 올라타세요.)

3위: 캐디(한 번에 넣으세요.)

4위: 은행원(넣기만 하고 빼지는 마세요.)

5위: 유치원 선생(참 잘했어요. 한 번 더 하세요.)

기원에서

짱구와 맹구가 기원에서 점심내기 바둑을 두는데 포석이 끝나고 전투가 벌어졌다.

"아다리! 어쩔래?"
"누구 다리? 니 다리 내 다리?"
"죽음의 다리다."
"그럼 사(死)다리지. 그런데 왜 이 지경이 됐지?"
"자꾸 무리수를 두니까 그렇지!"
"난 유리수는 알아도 무리수는 전혀 모르는데…."
"놀고 있네. 무리지어 떼로 다닐 때는 언제고?"
"언제?"
"너 고등학교 다닐 때 '떼'로 몰려다녔잖아."
"그땐 서로 뗄래야 뗄 수 없는 사이였으니까 그랬지!"

야당 후보를 지지하는 사람이 비디오 가게를 갔는데 가게 주
인과 실랑이를 벌였다.

"야한 테이프 주세요."

"〈여자 팬티는 왜 구멍이 없나?〉 있는데요."
"좀 더 야한 거 없어요?"
"〈여자의 계곡주는 달콤하다〉요?"
"그런 야한 거 말고 더 야한 거요"
"알았다. 〈야한 밤 내게 와 봐〉 말이죠"
"예에, 좀 더 야하고 진한 걸로요."
"〈야, 전부 와서 진하게 먹어봐〉는 어때요?"
"정말 야하고 진하네요. 그걸로 주세요."
손님이 나가자 주인은 중얼거렸다.
"야밤에 야한 놈이 와서 야단법석이야."

졸라

초등학교에 다니는 아들이 엄마의 치맛자락을 붙잡고 따라다니며 콜라를 사 달라고 조르고 있었다.

엄마는 돈도 없지만 영 귀찮게 구는 아들이 밉기 시작했는데 계속 졸라 대자 신경질적으로 말했다.

"니가 콜라 사 달라고 하루종일 졸라봐라."

"하루종일 졸라 대면 사 줄거지?"

"콜라는커녕 맹물도 없다."

"슈퍼에 가면 콜라는 졸라 많아."

"차라리 내 목을 졸라라. 밥숟가락 들기도 힘드니…."

"목 졸라 한판승 하면 콜라는 졸라 사 줄거지?"

궁시렁 궁시렁: 으이그, 이것도 내 속으로 난 '새끼'라고…

맞선의 묘미

남자: 처음 뵙겠습니다. 고자질입니다.

여자: 자질이 높으시군요. 허풍선입니다.

남자: 풍선처럼 생겼네요. 남성상은요?

여자: 코 크고 물건 크면 최고 아닌가요?

남자: 작은 고추도 매운데요.

여자: 누구 물먹일 일 있습니까.

남자: 물먹이면 금방 크겠죠?

여자: 그럴 수도 있겠군요. 고고장에 가요.

남자: 거긴 왜요?

여자: 흔들어 봐야 센지 약한지 알 거 아 네요.

남자: 고스톱 칠 때와 음료수 마실 때는 확실히 흔드는데요.

여자: 혹시 고자 아냐?

남자: 일부러 허풍떠는 거 아냐?

여자: 살다보면 알 수 있겠죠.

둘은 결혼해서 2남2녀를 둔 부모가 되었고, 오늘도 티격티격 입씨름을 하며 잘 살아가고 있다.

궁시렁 궁시렁: 훌 룡 해!

돌연변이 쌍둥이

아주 못생긴 쌍둥이 형제가 여름방학을 맞이하여 시골 할아버지 댁에 놀러갔는데 마을 입구에 장승 한 쌍이 서 있는 것을 발견했다.

그 모습을 본 형이 말했다.

"애들은 무섭게 생겼는데…. 그지?"

"그래, 꼭 형처럼 생겼어."

"뭐라고? 형만한 아우 없다고 했는데 먼저 나온 내가 참아야지."

"무서운 게 아니고 못생겼단 말야."

"그건 너도 마찬가지지. 원료가 나쁜데 우수한 제품이 나오겠니?"

"난 돌연변이 아냐. 형만 그래."

"그럼 아버지 말고 딴 총도 함께 쐈나 보다."

"그게 아니고 못생긴 씨가 형한테 붙었을 거야."

"아버지한테 전화해서 물어볼까?"

"왜 돈 들여? 얼른 할아버지한테 가서 물어보면 되지."

여성 상위시대

1. 결혼 전 아가씨가 침대를 고른다.
2. 방안 어디에 배치할 것인가를 선택한다.
3. 잠잘 때 신부가 먼저 위치를 정한다.
4. 신부가 원하면 고맙다고 인사하며 옷을 벗겨 준다.
5. 그리고는 재빨리 밑으로 들어가 목욕(?) 준비한다.
6. 구슬땀을 흘리며 열심히 보조를 맞춘다.
7. 힘들어도 이를 악물고 최선을 다한다.
8. 일이 끝나면 화장지나 수건으로 닦아 준다.
9. 만족해 하는지를 살피며 잠자리를 봐 준다.
10. 편히 주무시라고 한 뒤 찌그러져 잔다.

항공기 기장인 C씨는 안개가 가득 낀 어느 날 승객과 실랑이를 벌였다.

승객이 먼저 말했다.

"지금 시계가 나쁜데 이륙할 수 있겠습니까?"

그러자 기장이 대답했다.

"제 시계는 메이커라 괜찮은데 손님 건 가짭니까?"

화가 치민 승객이 소리쳤다.

"뭐야? 당신 기장 맞아?"

기장은 능청스럽게 대꾸했다.

"제 양복 기장은 맞는데 손님 것은 약간 짧은 것 같네요."

궁시렁 궁시렁: 푸 하 하

꼬옥 당겨 주세요

짱구 애인은 미용실을 운영하는 미용사다.

어느 날 애인이 보고 싶은 짱구가 미용실 문을 밀고 들어가려다 문이 열리지가 않아 자세히 보니 "꼬옥 당겨 주세요"라고 쓰여져 있었다.

안으로 들어간 짱구가 이상한 눈초리로 애인에게 물었다.

"저기 손잡이 옆 문구 누가 써 놨지?"

"내가 써 붙여 놨는데, 왜요?"

"자기, 그렇게 헤픈 여자야?"

"왜 그래요?"

"나와 둘이 있을 때도 꼬옥 당겨 달라더니 이젠 공개적으로 당겨 달라고?"

궁시렁 궁시렁: 휴~ 정말, 웬 화성 남자? 금성 여자?

삼각관계? 사각관계!

초등학교 3학년인 짱구는 등교하자마자 선생님께 질문했다.

짱구: 선생님! 삼각관계가 뭐예요?

선생님: (난처한 표정을 지으며) 세 점이 있는데 그 점들을 전부 선으로 이어서 연결하는 것을 말한단다.

짱구: 그럼 우리 집은 사각관계네요.

선생님: (당황하며) 어떻게 해서?

짱구: 엄마, 아빠, 나, 동생 넷이 이어져 있잖아요.

선생님: (맥빠진 목소리로) 사과 먹을 때도 '사각 사각' 먹겠구나.

삼각 관계란?

1.

지하철을 타고 삼각지에서 내렸다.

오른쪽을 보니 국방부였고, 왼쪽을 보니 전쟁기념관이었다.

그리고 정면을 보니 미8군 사령부가 보였다.

요 몇 년 사이 정말 묘한 삼각관계다.

2.

종합병원이 우뚝 서 있었다.

병원 오른쪽에 A약국이 버티고 있었다.

병원 왼쪽에는 B약국이 뽐내고 있었다.

의약분업 이후로 기막힌 삼각관계다.

3.

아버지와 어머니, 아들과 딸이 있었다.

딸이 아버지를 좋아하자 어머니가 질투한다.

아들이 어머니를 사랑하자 아버지가 시기한다.

영원 미스터리의 삼각관계? 아니 사각관계!

아~ 싸 가오리

짱구가 마누라와 함께 수산시장에 갔다.

짱구는 가오리를 좋아하고 마누라는 홍어를 좋아하기 때문에 가오리를 살까 홍어를 살까 망설이고 있었다.

그런데 우리나라가 조 1위로 월드컵 16강 진출이 확정되었다는 소식을 접하자 짱구는 너무나 흥분한 나머지 소리쳤다.

"아~싸, 가오리."

옆에 있던 가게 주인이 잽싸게 응수했다.

"싸죠? 몇 마리 드릴까요?"

그러자 마누라가 덩달아 소리쳤다.

"으~싸, 홍어."

결국 짱구 부부는 지갑을 털어 그 집에 있는 가오리와 홍어를 전부 샀고, 월드컵이 끝난 오늘 저녁 식탁에도 회 무침이 올라와 덩실덩실 어깨춤을 추고 있다.

자궁 수술

전문의인 D씨는 화창한 봄날에 수술실에서 집도 중이었다.

자궁암 초기 환자였는데 봄볕이 워낙 좋아 창문을 활짝 열어 놓았다.

그런데 한참 수술이 진행 중에 꽃가루가 수술 부위에 내려앉고야 말았다.

D씨는 약간 당황하면서도 나지막하게 소리쳤다.

"어떻게 된 거야, 창문이 열렸나?"

인턴이 대답했다.

"맞습니다. 수술이 수술 부위로 앉았는데요."

D씨가 심각한 표정으로 말했다.

"만약 교배가 되면 급속도로 확산될 텐데…."

눈치빠른 인턴이 재빠르게 대답했다.

"임신중절수술 준비할까요?"

궁시렁 궁시렁: 오잉?!?

알쏭달쏭 퀴즈 (다답형)

1. 아기가 태어나면 왜 우나?
가. 세상에 신고하기 위해　　　　나. 젖 달라고
다. 울지 않으며 죽은 줄 아니까　라. 성악설을 믿기 때문에

2. 초등학교 1학년이 되면 뭘 배우나?
가. ㄱ, ㄴ, ㄷ, ㄹ…　　　　　　나. 아버지, 어머니
다. A, B, C, D…　　　　　　　라. 하늘天 따地

3. 고 3이 되면 어떻게 하나?
가. 학교 정문까지 차로 모신다.　나. 0교시 수업받는다.
다. 내신 때문에 말도 안 한다.　라. 수능에만 매달린다.

4. 대학생이 되면 자유로운 것은?
가. 지각, 결석　　　　　　　　나. 음주, 흡연
다. 컨닝, 족보　　　　　　　　다. 연애, 동거

5. 군대 가면 어떤 변화가 있나?
가. 다 까먹는다.　　　　　　　나. 애인이 신발 벗는다.
다. 식욕이 왕성해진다.　　　　라. 깡다구가 쎄진다.

6. 결혼하면 어떻게 되나?

가. 바가지가 한 개 더 는다.　　　　나. 못 먹고 벌벌 떤다.

다. 새끼들에게 끌려다닌다.　　　　라. 정말 치사해진다.

언니, 이혼했어?

언니가 결혼한 지 1년쯤 지나자 해산을 위해 친정에 온 후 열흘이 지났다.

부모님은 그 이유를 알고 있는지 아무 말도 하지 않았는데, 보다 못한 동생이 따지듯 말했다.

"언니! 왜 친정에 와서 쌀 축내고 있어?"

"너무 그러지 마라. 쌀값 주면 될 거 아냐."

"그런데…, 형부하고 싸웠어?"

"싸우긴 애들처럼 싸우냐?"

"그럼 뭐야. 언니 이혼했어?"

"언제 두 번 결혼했니? 이제 일혼밖에 안 했는데….."

아내는 요실금 환자

주말을 맞이하여 부부가 함께 포르노 영화를 보고 있는데 채 끝나기도 전에 아내가 샤워실로 들어갔다.

그러자 알 수 없는 미소를 짓던 남편이 소리쳤다.

"여보! 어디 있지?"

"당신 아내는 이 안에 있어요."

"그 안에서 샤워나 같이 할까?"

"거의 다 쌌는데요."

"벌써 싸면 어떻게 해. 함께 싸야지."

"내가 당신 아내라고 무시하는 거예요? 그짓은 안 해요."

"그럼 지금 뭐하고 있는데?"

"뭐하긴요. 안에서 찔끔찔끔 싸고 있죠."

"내가 도울 일 없나?"

"부드러운 화장지나 좀 갖다 줘요."

궁시렁 궁시렁: 혹시 **엄앵란 아줌마** 아니시죠?

장나라

장나라가 할아버지 제삿날에 어머니를 열심히 도왔다.

"나라야, 이쪽에 된장 놓고 저쪽에 간장 놓아라."
"장이라면 제게 맡겨 주세요."
"너 혹시 호텔비가 없어 장에서 자는 건 아니지?"
"걱정마세요. 장이라면 나라에서 다 해결해 주니까요."
"죽으면 어떻게 한다니?"
"걱정하지 말라니까요. 장례
식장에서 도와 줘요."
"니 성을 보충하면 어
떻겠니?"
"어떻게요?"
"장장나라로 바꾸면
마르고 닳도록 도와줄 것 아니니?"

가시리

여자: 어디가 아프세요?

남자: 가슴에 가시가 박혀 시리구만.

여자: 빨리 병원으로 가야죠.

남자: 어느 병원으로 가야 하지?

여자: 가슴앓이 병원으로 가요.

남자: 어디 있는데?

여자: 가슴속에 있겠죠.

남자: 쐬주로 치료해야 하나?

여자: 이왕이면 양주로 하세요.

남자: 이제 가슴이 좀 가시는구만.

여자: 더 아프기 전에 가시고 싶은 곳으로 가세요.

남자: 내가 떠나면 누구 가슴이 더 시릴까.

여자: 저는 치통 때문에 어금니만 약간 시린데, 괜찮아요.

남자: 스페어가 있나? 내 가슴만 시리겠구만.

임권택 감독이 드디어 '취화선'으로 칸 영화제에서 감독상을
받았다. 그리고 여의도에서 대대적인 환영행사가 있다기에 옵
저버로 참석했다.

술이 몇 잔 오가고 약간 취기가 오르자 질문이 쏟아졌다.

"감독님! 영화 제목이 특이합니다."

"뭐가 어때서요?"

"취화선이라는 부채는 처음 들어봅니다!"

"많이 취하신 것 같군요!"

"심사위원들도 맘에 들지 않습니다."

"도대체 왜 이러십니까?"

"우리나라에 장승업만 있습니까. 훌륭한 사람이 얼마나 많은데 이제야 뽑아 주다니……."

"취하셨으니 흥분을 가라앉히시죠."

"술 깨면 조금 전에 했던 말 전부 취하시키겠습니다."

궁시렁 궁시렁: '취화선'의 마지막 장면… 정말 감동적이었습니다. 보셨나요?

부채

열대야 현상으로 잠을 이루지 못한 K는 시민공원으로 나갔다. 여기저기 많은 사람들이 나와서 저마다 바람을 일으키고 있었다.

빈손으로 나온 K는 옆사람에게 속삭이듯 말했다.

"실례합니다. 부채 좀 잠깐 빌릴 수 없을까요."

그러자 그 사람은 위아래로 훑어보며 응수하였다.

"이 무더운 날에 부채도 없이 나왔단 말이에요?"

시무룩해진 K는 재빨리 위기를 모면하였다.

"죄송합니다. 우리 집 부채가 너무 많아 **부채 살 돈이 없어서요.**"

황사

　　○○씨는 밤 9시 뉴스를 보다가 휴교령이 내려졌다기에 학교
교무실로 전화를 했다.

　　○○: 당직 선생님, 수고가 많으십니다.
　　당직: ○○선생님, 늦은 시간에 웬일이십니까?
　　○○: 황사 때문에 내일 쉰다고요?
　　당직: 무슨 말씀을요. 구렁이 정도로 쉬다니요.
　　○○: 뉴스도 안 보십니까?
　　당직: 지금 컴퓨터 게임 하고 있는데요.
　　○○: 위에서 곧 지시가 있을 겁니다.
　　당직: 목마른 X이 샘 파겠죠.
　　○○: 우리 집부터 연락 주세요. 여행표 예매해야 하니까요.
　　당직: 제것도 함께 부탁합니다.

　　당일 가정통신(전화)은 한군데도 없었고, 다음날 학생 모두 등
교했으며 하루 종일 자습을 했다.
　　그날 저녁 여행에서 돌아온 ○○씨와 당직 교사는 1년 내내
구렁이가 나타났으면 좋겠다고 술잔을 부딪쳤다.

산중의 산

전국의 대표적인 산들이 잠실 경기장에 모여 '유명산 선발대회'를 가졌다.

백두산: 나보다 더 높은 산 있으면 나와 보라고 해.
한라산: 거기는 함부로 갈 수 없으니 내가 제일이지.
내장산: 높기만 하면 뭐해? 실속이 있어야지.
묘향산: 묘한 향기를 못 맡았나 보지?
가야산: 가야금 소리 들어봤어?
태백산: 이태백이 자주 놀았던 산이라니까.
지리산: 지리에 밝아야 찾아다니지.
금강산: 난 온통 금으로 도배한 산이야.
토함산: 흙 속에 묻힌 금은보화 봤어?
동산: 움직일 수 있어야 돈이 되지.
부동산: 까불고들 있어. 한 평에 얼만 줄이나 알아?

현대판 고사성어(ㄱ)

감탄고토: 옛 땅을 바라보며 무지무지 감탄한다.

건곤일척: 하늘과 땅 사이에 배 한 척이 떠 있다.

결자해지: 적금을 해지하면 결재자가 서운해 한다.

결초보은: 보은(속리산)에 가면 풀들이 엉켜 있다.

고진감래: 고생해서 진을 빼면 눈앞에 단감이 뚝뚝 떨어진다.

곡학아세: 작곡을 잘하는 학자는 세상에 아부도 잘한다.

구절양장: 서양 양복을 입고 구절까지 부른다.

권불십년: 십 년 동안 주먹을 안 쓰고 있다.

금의환향: 금이 고향에 돌아오면 다이아몬드가 될까?

기사회생: 졸음 운전으로 사고 낸 기사가 극적으로 살아나다.

현대판 고사성어(ㄴ)

난형난제: 잘난 형과 잘난 동생.

남가일몽: 남자는 꿈을 한 번만 꾼다.

남부여대: 남부지방에 있는 여자대학.

내우외환: 외환은행은 내부적인 걱정거리가 있다.

내유외강: 부드러운 내의와 뻣뻣한 외투를 입는다.

노류장화: 장화를 신어야 냇가의 늙은 버드나무를 꺾을 수 있다.

노발대발: 머리카락이 없으면 대머리가 된다.

능지처참: 능이 있는 땅은 비참한 곳이다.

현대판 고사성어(ㄷ)

대기만성: 대기가 오염되면 만성질환에 걸린다.

대동소이: 대동강은 조금밖에 변하지 않았다.

동가식서가숙: 동쪽의 가식이는 서쪽의 가숙이를 사랑한다.

동분서주: 동쪽에서 분을 바르고 서쪽으로 달린다.

대도무문: 큰 도둑은 출입하는 문이 따로 없다.

도원결의: 태권도장에서 의리를 맺는다.

등하불명: 등하교 시간이 불명확하다.

현대판 고사성어 (ㅁ)

마이동풍: 마이(양복)를 입으면 동풍이 분다.

면종복배: 앞에서 종노릇하고 뒤에서 배를 찬다.

명약관화: 유명한 약은 불에 비춰 보면 금방 알 수 있다.

목불인견: 나무로는 인조견사를 만들 수 없다.

무릉도원: 능이 없는 곳에 복숭아 밭이 많다.

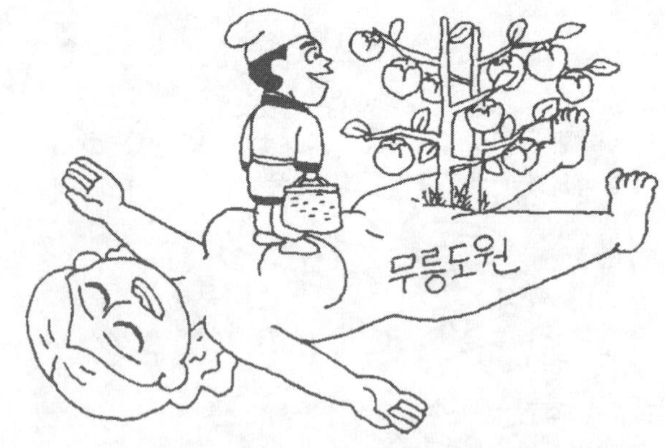

무소불위: 무소(차량)는 정해진 위치가 없다.

무용지물: 무용을 잘하면 "그것 참 물건이네" 소리를 듣는다.

무주공산: 무주(전북)에 가면 주인 없는 산이 많다.

현대판 고사성어 (ㅂ)

부전자전: 아버지가 자전거를 잘 타면 아들도 잘 탄다.

분서갱유: 분하고 서럽거든 다시 유학 가면 된다.

발본색원: 색(sex)의 근원지를 뿌리 뽑는다.

백가쟁명: 백씨는 쟁기질도 잘하고 울기도 잘한다.

백발백중: 백사람의 중(스님) 중에 흰머리는 몇 명일까?

백척간두: 백척이나 되는 두 사람이 간다.

부창부수: 남편이 창을 부르면 마누라는 물을 떠온다.

부화뇌동: 잔머리를 굴려서 부화시키게 만든다.

분골쇄신: 뼈를 갈아서 새롭게 인쇄한다.

비몽사몽: 비가 몽니를 부리면 선비도 몽니를 부린다.

현대판 고사성어(ㅅ)

사면초가: 사방이 초가지붕뿐이다.

사분오열: 4분 동안 숨을 안 쉬면 오열이 난다.

사필귀정: 꼭 필요한 일이 무엇인지 귀신만이 바로 안다.

삼강오륜: 강이 세 개인 동네를 다섯 바퀴 돌았다.

상전벽해: 우리 상전은 바다처럼 넓다.

순망치한: 치한이 덤벼들면 입술이 망한다.

시시비비: 시시해서 비비 꼬고 있다.

신출귀몰: 신출내기는 귀신처럼 몰상식하다.

신토불이: 불이 나면 신속하게 꺼야 한다.

십시일반: 오전 10시 버스는 일반석밖에 없다.

현대판 고사성어(ㅇ)

아비규환: 아비(아버지) 성함은 규자 환자다.

아전인수: 우리 밭 실 소유주는 인수다.

어부지리: 어부는 항상 지리에 밝아야 한다.

엄처시하: 엄마가 처녀 때는 시녀를 거느렸다.

연목구어: 연어는 목을 잘 구어 먹어야 한다.

오리무중: 오리가 안개 속으로 들어가 찾을 수 없다.

오월동주: 오월에는 동쪽에서 오는 배를 타야 한다.

용두사미: 용두산 공원에 가면 미인들이 많다.

우이독경: 우이동에 가면 1인용 거울이 많다.

일취월장: 일반적으로 취하게 되면 담을 넘는다.

입신양명: 몸을 반드시 세우면 이름표가 알려진다.

현대판 고사성어(ㅈ)

자격지심: 자격이 있는지 없는지 심사해 봐야 안다.

자승자박: 승자는 항상 박자를 잘 맞춘다.

전화위복: 전화를 자주 하면 위통과 복통이 생긴다.

조강지처: 조씨와 강씨 중 마누라로 선택해야 한다.

조삼모사: 조씨 셋과 모씨 넷이 모여 이야기한다.

조족지혈: 새 다리는 지혈하기 쉽다.

주지육림: 주지 스님이 산림을 가꾼다.

죽마고우: 오래된 친구를 만나니 금방 죽이 맞는다.

중과부적: 부적을 하고 다니면 중간은 넘는다.

현대판 고사성어 (ㅊ)

천고마비: 하늘이 고장나면 온통 마비된다.

천우신조: 신이 도우면 하늘에서 비가 내린다.

천방지축: 방귀를 천 번 뀌면 지축이 흔들린다.

천신만고: 천 번 신고하고 만 번 고자질한다.

천재일우: 일우는 우리 동네에서 알아주는 천재다.

철두철미: 머리가 철들면 꼬리도 철든다.

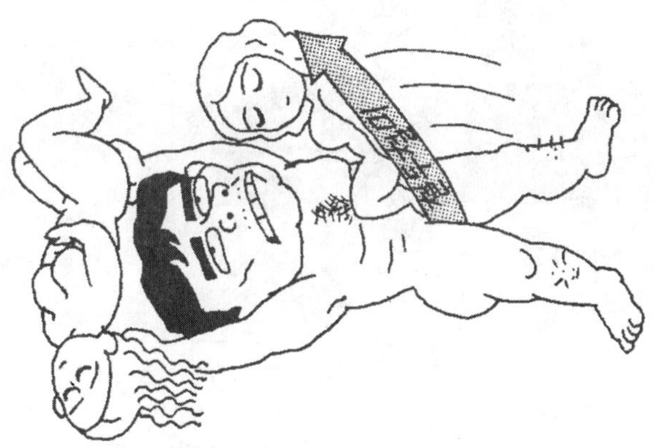

추풍낙엽: 추풍령에는 낙엽이 많다.

칠전팔기: 일곱 번 싸우면 팔의 기운이 세진다.

현대판 고사성어 (ㅍ-ㅎ)

파죽지세: 양파를 넣어 쑨 죽을 먹으면 힘이 세진다.

파란만장: 파란 색종이가 만 장이나 된다.

풍전등화: 바람이 불면 불도 잘 타올라 간다.

함흥차사: 차(車)를 살 때는 함흥에서 사야 싸다.

호연지기: 연을 좋아하면 연지기가 된다.

호시탐탐: 좋은 감이 아주 탐스럽게 열렸다.

환골탈태: 화장터에서 태우다가 탈이 나면 뼈가 바뀐다.

회자정리: 회전의자에 앉아서 정리한다.

횡설수설: 옆으로도 설설 기고 수직으로도 설설 긴다.

흥진비래: 흥이 다하면 비가 온다.

거지의 유형

스트립쇼를 즐긴다. : 알 거지

음력 정초에만 나타난다. : 설 거지

항상 피해만 입는다. : 맞는 거지

언제나 고개만 끄떡인다. : 그런 거지

많이 먹고 복 받는다. : 배부른 거지

못생기고 지저분하다. : 추한 거지

무엇인가 열심히 한다. : 하는 거지

타의 모범이 된다. : 바람직한 거지

약간 쑥스럽게 생각한다. : 미안한 거지

무지무지 섹시하다. : 야한 거지

짝사랑

기

한 쌍의 커플이 공원을 거닐었다.
또 다른 한 쌍이 오고 있었다.
한 쌍은 손을 잡고 다른 쌍은 어깨동무를 하였다.

승

점점 거리가 가까워졌다.
서로에게 자랑하고 싶었다.
손잡은 쌍은 어깨동무를, 어깨동무한 쌍은 키스를 해댔다.

전

두 쌍은 서로 질투를 하게 되었다.
어깨동무한 쌍이 갑자기 옷을 벗었다.
키스하던 쌍은 어이없이 쳐다봤다.

결

각각 바지와 치마를 벗었다.
그리고 털어서 다시 입었다.
다른 쌍은 꼬리를 내리고 사라졌다.

홀 사랑

기

동네에서 미녀를 보았다.
슈퍼 아들을 시켜 물량 공세를 폈다.
반품이 없는 걸 보니 괜찮은가 보다.

승

한달 두달이 지났다.
슈퍼 매상만 자꾸 올라갔다.
그러나 좀 더 시간이 필요한가 보다.

전

3년이란 세월이 흘렀다.
드디어 만나자는 전갈이 왔다.
일방적으로 결혼 날짜를 통보했다.

결

결혼식을 올리게 되었다.
졸지에 신랑이 둘이었다.
슈퍼 아들이 당당하게 입장했다.

내 사랑 간호사

왼쪽팔이 잘려 외과에 장기 입원한 짱구는 어느샌가 간호사를 짝사랑하게 되었다.

그런데 어느 날 간호사가 들어서며 말했다.

"짱구씨, 축하해요. 내일 퇴원해도 된대요."

갑자기 안색이 창백해진 짱구가 대꾸했다.

"두어달 더 있다가 나가면 안 될까요?"

잽싸게 눈치챈 간호사가 말했다.

"안색이 안 좋으니 일단 퇴원했다가 내과에서 진찰을 받으세요."

하늘이 무너져라 한숨을 내쉰 짱구가 대답했다.

"그런 다음에 발목을 잘라내면 되죠? 한쪽 발이 없어도 되는데…."

궁시렁 궁시렁: 눈물겨운 바보군요.

사형수의 유언

악질 윤락업소 사장이 연쇄 살인을 저지른 후 형장의 이슬로 사라지는 날이 다가왔다.
시간이 되자 집행관이 근엄한 목소리로 말했다.

"마지막으로 하고 싶은 말이 없는가!"
"저, 제 집사람을 부탁합니다."
"뭘 말인가!"
"비밀 번호를 알려 드리지요."
"얼마짜리 통장인데?"

"금액은 무한댑니다. 그리고 정조대 열쇠 번호는 1818(씨팔씨팔)이고요."

"내가 어떻게 하면 되겠는가!"
"장사가 잘되면 묘비명이나 세워 주시죠."

궁시렁 궁시렁: 욕하지마!!   C

탕탕탕

한겨울에 살인범들과 경찰들이 대치하고 있다.

경찰은 일명 "탕탕탕 작전"이라는 암호명으로 긴급 작전회의를 열었다.

추어탕: 어유 추워! 목욕탕으로 유인하면 어떨까요?

삼계탕: 영계를 데려와 유혹할까요?

도가니탕: 이미 독 안에 들어 있습니다.

매운탕: 매운맛을 보여 줘야 합니다.

아구탕: 아구창을 날려 버릴까요?

갈비탕: 갈비 서너 대만 부러뜨리면 꼼짝 못하겠지요."

알사탕: 나이가 어리니까 사탕으로 달래죠.

결국 "알사탕 작전"이 전개되었고, 범인들은 알사탕 한 봉지씩 손에 든 채 순순히 투항하였다.

출애굽기?

　이스라엘 민족이 이집트에서 박해를 받다가 해방이 되자 모세
가 대장이 되어 약속의 땅으로 가게 되었다.
　그로부터 몇십 년 후 정착을 하게 되었는데 중학생 아들녀석
이 책을 읽다 말고 아버지에게 질문하였다.

　"아빠! 누가 이곳으로 우리들을 데려왔어요?"
　"모세 할아버지란다."
　"할아버지는 힘이 무지무지 셌나 봐요."
　"왜 그렇게 생각하니?"
　"그러니까 세력을 모아서 데려왔겠죠."
　"그건 니 말이 맞다. 엄청난 분이셨지. 바닷물도 가르시
고…."
　"그런데 출애굽기는
무슨 뜻이에요?"
　"이집트를 떠나 힘든
과정을 겪었던 일들을
말한단다."
　"난 또…. 애기가 나오자마자
구워 먹는다는 얘긴 줄 알았는데."

뽑아 버려

P씨는 노쇠한 치아 때문에 고생이 이만저만 아니다. 그래서 할 수 없이 친구가 운영하는 치과를 방문했다.

"도대체 어떻게 하면 이 치통이 사라질까?"
"이 사람아! 그거야 간단하지. 뽑아 버리면 될 거 아냐."
"어디에 버리는데?"
"버리기는 뭘 버려. 뽑는다니까."
"그러니까 뽑아서 어디에 버리냐고…. 쓰레기통?"
"자네, 매우 심각하군. 정신분열 증세까지 있구만."
"학창시절엔 뽑기해서 먹었잖아. 아깝게 왜 버려…."
"안 되겠네. 정신병원으로 먼저 가 보게나."

신들의 정기총회

　　연말을 맞이하여 세계의 신들이 한자리에 모여 정기 총회를
가졌는데 각자 자기들이 최고라고 우겼다.

태양신: 온갖 질병을 예방하고 곡식을 여물게 하잖니?

달신: 밤에 후레쉬 없이도 갈 수 있잖아.

물귀신: 입장료 안 받고 용궁 구경시켜 줄게.

알라신: 너희들이 감히 내가 누군 줄 알겠느냐.

고무신: 비올 땐 그저 내가 최고니라.

나체신: **홀딱 벗고 뒹굴어 봐! 뽕 보내 줄게.**

임신: 나는 인간 제조기야. 가장 크게 기여하잖니?

시신: 숨쉴 필요도 없고 싸울 필요도 없잖아. 편히 쉬어!

하품나~

궁시렁 궁시렁: 神이 아·직·도 살아 있어?

족발? 쪽발!

주말 저녁에 신혼부부가 외식을 했다.

남편: 족발 먹을까?

아내: 자기는 족발이 그렇게 좋아?

남편: 맛있잖아. 기분도 좋고….

아내: 왜?

남편: 족발을 씹으면 쪽발이들에게 복수하는 기분이거든….

아내: 나도 좋아.

남편: 왜?

아내: 족발을 뜯으면 '쪽' 빠는 기분이거든….

만원

마누라가 영화를 보고 싶다기에 조조 할인을 끊었다.
마침 일요일이라 그런지 제법 손님이 많았다.

마누라: 아침부터 만원이네요.
남편: 조금 전에 만원 주고 두 장 끊었잖아.
마누라: 또 시작이시네.
남편: 아, 맞다. 만원 주니까 천원 거슬러 줬지?
마누라: 그런데 왜 이렇게 만원일까요?
남편: 그것도 몰라? 제목이 ‘세종대왕’ 이잖아.

궁시렁 궁시렁: 오늘 백수 남편이 영화를 보여줬다….

일본의 역사 교과서 왜곡으로 한일관계가 소원해진 가운데 서울에서 **한일정상회담**이 열렸다. 그리고 만찬이 시작되었다.

김대중: 한국 방문을 진심으로 환영합니다.

고이즈미: 이렇게 융숭하게 대접해 줘 고맙습니다.

김대중: 제가 젊었을 때 귀국의 신세를 많이 졌지요.

고이즈미: 그래서 막걸리를 대접으로 주십니까?

김대중: 아무튼 제 임기도 얼마 남지 않았으니 체면 좀 살려
　　　　주세요.

고이즈미: 여부가 있겠습니까. 한국은 우리의 단골 '봉' 인데요.

김대중: 뭔가를 보여 줘야 할 게 아닙니까?

고이즈미: 월드컵 때 서로 오가면서 보여 주면 어떨까요?

김대중: 아주 좋은 생각입니다. 제가 일본 가면 대접보다는 양
　　　　푼으로 대접받았으면 좋겠습니다.

고이즈미: 제가 다시 오면 그땐 바케스로 대접해 주십시오.

궁시렁 궁시렁: 정상회담이 우리에게 남긴 것 딸랑 하나는?
　　　　　　　'두 정상들이 서로 오고 간다'

정치인들이 가장 좋아하는 대학

김대중: 지원대(대북지원, 박지원 끌어안기. 잘했지?)

김영삼: 기금대(국제통화기금을 모셔왔잖아.)

김종필: 일몰대(황혼을 불살라야겠어.)

노무현: 청와대(내년이면 내가 주인 맞아?)

박정희: 유신대(한국적 민주주의를 창시했잖아.)

이승만: 오입대(4사5입이란 이런 거야.)

이인제: 인제대(내가 만들었나?)

이회창: 삼풍대(병풍·세풍·가풍을 일으켰지?)

전두환: 일해대(빈둥빈둥 놀지 말고 일해!)

최규하: 침묵대(침묵은 금이잖아.)

오락가락

1.

아주 쾌청한 날 고속도로 휴게소에서 가락국수를 먹었다.
막 나오는데 먹구름이 잔뜩 끼었다.
출발하자마자 젓가락만한 장대비가 쏟아졌다.
"괜히 가락국수 먹었네."

2.

그 다음 휴게소에 들어가서 오락국수를 먹었다.
막 나오는데 먹구름이 걷히고 있었다.
출발하자마자 햇볕이 내리쬐었다.
"오락국수 먹길 잘했지?"

3.

창문을 열고 라디오를 트니 일기예보가 나왔다.
"곳에 따라 소나기가 오락가락 하겠습니다."
순간 몹시 기분이 나빴다.
"일 없이 오락국수 먹었네. 낭비했잖아."

궁시렁 궁시렁: **나? 간사한 인간!!!**

소파

어린이날을 맞이하여 어린 아들을 데리고 대공원에 갔다.
한참 재미있게 놀다가 점심을 사먹는데 아들이 물었다.

아들: 아빠! 어린이날은 누가 만들었어?

아빠: (기특해 하며) 소파 방정환 선생님이란다.

아들: (따지듯) 집에 있는 소파가 선생님이라고?

아빠: (약간 당황해 하며) 소파는 호이고 방정환은 이름이란다.

아들: (추궁하듯이) 그럼 내가 태어난 후에 엄마가 소파수술을 했
　　　다던데 그때 선생
　　　님을 낳은 거야?

아빠: (포기하듯) 잘 모
　　　르겠다. 엄마
　　　한테 물어보
　　　렴.

궁시렁 궁시렁: 어린이날 말고, 어른의 날은 없나? ^^;;

꽃말의 의미

개나리 (희망): 개도국 나-리! 거기도 희망이 있습니다요.

금잔화 (인내): 인내는 쓰다. 그러나 금잔화는 달다.

난초 (절개): 난 절대로 풀(초)은 안 먹어.

다알리아 (정열): 정열의 꽃이라고 다 알렸니?

목련 (우아): 우와! 목련이 저렇게 우아해?

무궁화 (일편단심): 역시 무궁무진한 꽃이야.

백일홍 (꿈): 백일 동안 불그스름한 꿈을 꿔도 되는 거냐?

백합 (순결): 백번 합해도 어디 주나 봐라.

안개꽃 (약속): 안개꽃 주며 약속하고 안개 속으로 사라졌지.

연꽃 (군자): 연꽃이 군자면 놈꽃은 성인이냐?

장미 (사랑): 가시 돋힌 장미 한 송이, 팍 찔러라 찔러.

튤립 (밀회): 우리 둘이 입대고 밀회나 즐겨볼까.

패랭이 (부인의 사랑): 부인! 제발 패대기치진 말아요.

함박꽃 (만남): 이 다음에 함박웃음 지으며 만나요.

해바라기 (믿음): 달바라기는 절대 믿지 말라.

고추가

고구려 시대 때 왕족 또는 귀족에 대한 칭호 중 하나인 '고추
가'가 있었다. 이 고추가가 땡볕이 내리쬐는 한 여름 어느 날
들녘을 지나고 있는데 고추밭에서 일하던 아낙네와 마주쳤다.

"아주머니! 수고가
많으십니다."

"댁은 뉘신데요?"

"저는 '고추가'라고
합니다."

"예? '고춧가루'라고요?"

"그게 아니고 왕족인 고추가라니
까요."

"왕족이고 왕자족이고 간에 고추 따러온 도둑 아니에요?"

"사방천지에 고추가 널려 있는데 고추 도둑이라뇨."

"어디에 널려 있는데요."

"우리집 · 큰집 · 작은집 · 형제 · 사촌형과 동생 등 많잖습니
까?"

"그 집안은 전부 호모들만 사는 모양이네요."

"떽, 점심 뭐 먹었수. 이빨 사이에 고춧가루나 떼고 말하슈."

야구장의 명콤비

    불꽃 튀는 순위 다툼과 함께 막바지 페넌트레이스가 벌어지고 있었다. 3점을 뒤진 ○○팀의 9회 말 공격인데 2사 만루 찬스였다. 드디어 국민타자 이성협이 볼카운트 2-3에서 크게 휘둘렀다.

아나운서: 아! 큽니다.

해설자: 예에, 핸드볼 공으로 변하고 있군요.

아나운서: (힐끔 쳐다보며) 계속 크게 날아갑니다. 역전일 것 같습니다.

해설자: (너스레를 떨며) 그렇군요. 축구공으로 변했습니다.

아나운서: (어이없다는 표정으로) 제대로 하세요. 크지 않습니까?

해설자: (화들짝 놀라며) 예, 맞습니다. 드디어 농구공으로 변해 관중석으로 들어갔습니다.

아나운서: (한심하다는 듯) 지금 뭐 하자는 겁니까!

해설자: (대수롭지 않게) 장단을 맞추고 있잖습니까. 그런데 파울이네요.

"

백구두와 팬티

성업중인 카바레에서 제비끼리 흥정을 벌이더니 금세 한바탕 흔드는데, 수제비는 광이 번쩍이는 백구두를 신었고, 암제비는 미니 스커트를 입었다.

수제비: 싸모님! 오늘은 외로우신가 보네요. 노란 팬티를 입으셨군요.

암제비: (혼잣말로) 이 자식이 어떻게 알았지?

둘은 다음날 다시 만났다.

수제비: 오늘은 정열의 빨간 팬티를 입으셨네요.

암제비: (마음속으로) 내일 보자. 노팬티다.

그리고 비극의 다음날이 되었다.

빙빙 돌던 수제비는 약간 당황했고, 여유있어 보이는 암제비는 다소 의기양양했다.

그러다가 수제비가 멈추더니 갑자기 엎드리며 소리쳤다.

"헉, 내 백구두가 찢어졌잖아."

수리수리 마수리

'태조왕건'의 박술희 장군이 수리 조합(농업기반공사의 전신)에 근무할 때였다.

담당 관할 구역을 열심히 순찰하고 있는데 농업용수가 흐르지 않는다고 농민들의 항의 소동이 벌어지고 있었다. 그래서 해당 출장소에 들러 그 이유를 알아보았다.

술희: 도대체 왜 물이 흐르지 않는단 말입니까!
소장: 어제까지 잘 흘러갔는데 그 놈의 수리 때문에….
술희: 어디, 저 때문에 그렇다고요?

소장: 그게 아니고 하늘을 나는 수리가 변압기에 앉는 바람
     에….
술희: 그러니까 수리가 정전사고를 냈단 말입니까?
소장: 오늘 수리하려고 한전에 연락했습니다.
술희: 참으로 안타깝구려. 이럴 때 술이라도 있으면 좋으련
     만….
소장; 장군께서 마술로써 해결하면 어떨까요.
술희: 한번 해 볼까요. 수리수리 마수리….

그러자 전기가 금세 들어오고 농사를 짓게 되었다.
 훗날 농민들에게 소원 수리를 받은 결과 박술희 장군의 수리
공이 인정되어 일계급 특진으로 대장군이 되었다고 한다.

수학시험

중학교에 입학하여 첫 중간고사를 치르게 되었다. 그런데 수학에 자신이 없는 두 친구가 시험도중 작은 목소리로 옥신각신하였다.

친구1: 왜 이렇게 어렵지? 풀리지가 않는데….
친구2: 나도 그래. 너무 어려워서 꽉 막혀 버렸어.
친구1: 드라이버로 좀 풀어 놓으면 어떨까?
친구2: 목공실에 가서 빌려 올께.
친구1: 너도 꽉 막혔다며?
친구2: 그렇지! 꼬챙이도 빌려 와야겠다.

여비서 채용시험

어느 대기업 회장 여비서를 뽑는 시험이 있었다.

실력과 외모와 면접까지 치른 결과 3명으로 압축되었는데 마지막 현장실습 시험날이 되었다.

비서실장은 세 여자를 데리고 ○○호텔로 가 입구에서 문제를 냈다.

"만약 회장님이 이 호텔에 계신다고 할 때 가장 빨리 찾는 방법이 뭐냐"는 것이었고 30분의 시간을 주었다.

여기저기 둘러본 3명의 후보는 비서실장 앞에서 각자 답을 말했다.

A: 프론트에서 투숙객 명단을 확인해야 합니다.

B: 주차장 내 승용차에서 기다리면 됩니다.

C: 비밀회담(?) 장소를 알아 놓았다가 즉시 찾아갑니다.

결국 C가 채용되었고, 그날부터 날마다 비밀 장소에서 비밀회담을 가졌다더라.

궁시렁 궁시렁: 정말???

찍어

짱구가 겨울 휴가를 얻어 애인을 데리고 별장을 갔는데 불을 피우지 않아 냉방이었다.

조급해진 짱구는 도끼를 들고 장작을 패는데 ○○○후보가 승용차를 타고 나타났다.

"안녕하십니까! 기호 ○번 ○○○입니다."

"그런데 무슨 일로 오셨습니까?"

"이제 며칠 남지 않았는데 꼭 ○번 찍어 주시면 감사하겠습니다."

"몇 번 찍으라고요?"

"○번 찍으라니까요."

"이왕 도끼를 들었으니 이쪽으로 오시죠. 지금 ○번 찍어 버립시다."

옆에서 지켜보고 있던 애인이 한마디 거들었다.

"그 남자 찍는다면 정말 찍어요. 저도 찍혀 가지고 여기까지 따라왔잖아요."

궁시렁 궁시렁: 웬 부창부수??

가위

추석이 되자 일가족이 시골 할아버지 댁으로 갔다. 그러나 시골집은 샤워장도 없고 화장실은 푸세식이며 오락기구가 없어 불편한 점이 한두 가지가 아니었다.

이틀밤을 지낸 추석날 아침에 손자가 말했다.

손자: 할아버지! 시골은 불편한 점이 많네요.

할아버지: 가윗날 아침에 조상에 대한 고마운 마음을 가져야지.

아들: 제가 이틀밤을 지냈는데 가위 날은 커녕 가위 그림자도 못 봤는데요.

아버지: 네가 모처럼 시골에서 자더니 가위눌린 모양이구나.

할아버지: 가위, 그 아버지에 그 아들이로다.

아버지: 그 정도는 부전자전 아닙니까요.

쌈 좀 그만 하자

40대의 중년 부부가 한여름 일요일 점심때 티격티격 싸운다.
남편이 젓가락을 들고 나침반 잃은 선장처럼 표류하다가 드디어 입을 열었다.

"우리 집은 토끼들만 사나?"
"초식동물이 얼마나 건강한데요?"
"그래도 그렇지. 우리 집이 수영장이냐 도박판이냐? 풀~하우스!"
"푸른 초원에서 얼마나 좋아요? 수영도 할 수 있고….."
"근데 이 상추 무공해 아니지?"
"그러니까 쌈장 발라 쌈하잖아요."
"이제 고기도 없는 쌈 좀 그만하자. 질렸다 질렸어."
"그러게 돈 좀 많이 벌어와 봐요. 고기 놓고 쌈하게."

궁시렁 궁시렁: 저 푸른 초원 위에 ~ 아싸! ~
          그림 같은 집을 짓고 ~

연평해전 (2라운드)

대한민국이 월드컵 축구대회에서 동메달을 놓고 터키와 박터지게 싸우기로 한 그날 오전에 연평도 부근에서 오픈게임이 열렸다.

국방부의 발표를 들을 것도 없이 그 진행 과정은 다음과 같다.

"남조선 에미나이들, 와 발차기를 그리 잘합네?"

"빨간 선 넘어오면 반칙이랑께. 빨리 넘어가드라고…"

"아님메, 배 아파서리 깽판 좀 쳐야겠시우."

"우리 청와대 영감, 시합 보러 대구 가야 한당께 - 롱."

"와! 아리랑 축전은 보러 오지 아니합네?"

"몇 달 동안 아리랑만 불러분디 볼 것이 있당가."

"뭐시라? 감히 우리 위대하신 김정일 장군님을 모독하기요."

"위가 크다고? 장난 그만치고 빨리 철수하라니까 말이 많네."

"햇볕정책은 이기 아인데…. 무조건 퍼 주고 용서하는긴데…."

"연말에 대선인데 무신 잠꼬대 하고 있나?"

"벌써 그리됐나! 에라 모르겠다. 니 죽고 나 살자. 타다다다…."

유머와 에세이가 만날 때

땡볕이 내리쬐는 한 여름에 비포장 외길에서 유머와 에세이가 만났다. 둘은 서로 자기가 잘났다고 뽐내기 시작했다.

유머: 세상에 없어서는 안 될 감초여 감초! 길 비켜.

에세이: 붓가는 대로 갈겨 버린다. 한쪽으로 찌그러져, 빨리!

유머: 어쭈구리! 나보다 한 글자 많다고 형 노릇 하려 하네?

에세이: 햄머도 아닌 것이 까분다. 차라리 망치 해라.

유머: 에세 두 갑이면 얼마냐? 돈 줄 테니 사 피워라.

에세이: 내가 금연운동의 선두주자라는 사실을 모르느냐?

유머: 그러지 말고 적당한 선에서 타협하면 어쩌겠니?

에세이: 어떻게? 말해 봐라.

유머: 합성어로 '유머세이'라 하면 어쩌겠나.

에세이: 좋다. 넌 유씨고 난 머세이다. 맞지?

유머: 니 좋을 대로 해라. 성(姓)이 중요하지 않겠나.

에세이: 앞으로는 싸우지 말고 운명을 함께하자.

궁시렁 궁시렁: 그때부터 '유머세이'라는 새로운 문학장르가 탄생!!

추카 추카!! 왕 추카!

오리지날? 가리지날!

주말을 맞이하여 마누라와 함께 쇼핑을 갔다.
한참 구경하다가 사람들이 몰려 있기에 기웃거렸다.

점원: 골라, 골라! 무조건 5천원.
손님: 이거 전부 가짜 아냐?
점원: 무슨 말씀을! 전부 오리지날입니다.
손님: **오리지날이 뭔데?**
점원: 그런게 있어요.
손님: 오리가 궁둥이 흔들면서 지나갔나?
점원: 맞아요. 반대는 가리지날이죠.
손님: 맞다. 창피해서 가리고 지나갔겠지.

바꿔 바꿔

남의 물건에 유달리 눈독을 들이는 B는 틈만 있으면 물건을 바꾸는 버릇이 생겼다.

어느 날 승용차를 몰고 가다가 자전거와 부딪칠 뻔하자 승용차와 자전거를 바꿔치기했다.

자전거를 한참 몰고 가는데 롤러 브레이드를 탄 학생이 그렇게 멋있어 보일 수가 없어 또 바꿔치기했다.

그리고 해가 뉘엿뉘엿 넘어갈 무렵 엿장수가 "쩔렁쩔렁" 지나가자 엿 두 가락과 롤러 브레이드를 바꾸고 말았다. 집에 들어와서 마누라에게 그 이야기를 했더니 펄쩍 뛰는 것이었다.

"에라, 엿 먹을 인간아. 왜 사니 왜 살아?"

그러나 B는 아랑곳하지 않고 옐로카드를 꺼내며 말했다.

"까불지마. 앞집 할머니와 바꾸는 수가 있어!"

허의 종류

악을 고래고래 잘 지르면: 악허
현모가 두 여자를 거느리면: 현모양허
아침마다 요강을 비우면: 조강지허
지금 매우 지쳐 있으면: 현지허
세종로나 과천 청사에 가면: 부허
사는 곳을 잘 모르면: 모허
가까이에 살고 있으면: 근허
예측하지 못해 탄식하면: 미허
그림솜씨가 좋으면: 커리커허
약간 찰과상을 입으면: 일부다허
야구장에서 마스크를 쓰면: 케허
사업으로 서로 돈을 벌면: 거래허
민주국가에서 결혼하면: 일부일허

수도 계량기

매달 그날이 되면 꼭 검침원 아저씨가 수도 계량기 숫자를 확인하고 간다. 그런데 다음날 아침 일찍 전화가 걸려왔다.

검침원: 어제 방문했는데 사람이 안 계시더군요.

주인: 무슨 일인데요?

검침원: 수도 계량기 숫자 좀 확인해 주실래요?

주인: 잠깐 기다리세요. 12340인데요.

검침원: 알겠습니다. 고맙습니다.

그리고 전화를 끊은 다음 마누라에게 자랑했다.

주인: 우리 금방 돈 벌었다!

마누라: 왜?

주인: 계량기 숫자가 12348인데 12340이라고 했거든!

마누라: 이 팔푼아, 그 숫자가 어디 도망간다디….

주인: 괜히 나만 갖고 그래.

마누라: 땅 넓을 때 뒈져야, 이 웬수야. 밥만 축내지 말고….

궁시렁 궁시렁:　　　의기양양~
　　　　　　　　　시무룩 --

마누라는 무서워

신혼 때 애처가 아닌 남자 있으면 나와보라고 해.
그리고 점점 그 강도(?)가 세진다.

5년 후: 공처가(진심으로 공경한다.)
10년 후: 기처가(기어다닌다.)
20년 후: 경처가(그림자만 봐도 깜짝 놀란다.)
30년 후: 콘처가(콘크리트처럼 굳어 버린다.)
50년 후: 의처가(죽기 살기로 의지한다.)
임종 직전: 후처가(뒷일을 부탁한다.)

궁시렁 궁시렁: 나도 아내가 있었으면 좋겠다.

짱구와 맹구

일요일 오후 짱구와 맹구가 동네 슈퍼에서 만났다.

짱구: 맹구야, 뭐 사러 왔니?

맹구: (망설이며) 으~ 응, 그냥…. 사탕 사러 왔지.

짱구: 내가 다 안다. 말해 봐.

맹구: 알긴 니가 뭘 알아.

짱구: 너 천원 받았지?

맹구: (깜짝 놀라며) 어떻게 알았지?

짱구: 나도 천원 받았거든….

맹구: 니네 집도 지금 레슬링 중이니?

짱구: 아니, 씨름하고 있어.

맹구: 우리는 항상 엄마가 이기더라. 니네 집은?

짱구: 언제나 무승부야. 매번 서서 하거든.

맹구: 아마 논타이틀전이라 그럴거야.

부인

결혼한 지 5년이나 돼서 아이를 갖게 된 부부는 미쳐 날뛰듯
좋아하였다. 그리고 분만예정일이 다가오자 함께 병원 문을 두
드렸다.

의사: 부인, 아이는 지극히 정상입니다. 축하합니다.
남편: 아들입니까, 딸입니까?
의사: (머뭇거리며) 낳아 봐야 알겠는데요.
남편: (약간 따지듯이) 조금 전에도 '부인' 하더니 지금도 부인하
　　　십니까.

코 풀어!

　　한옥에 사는 어떤 부부가 언성을 높이며 싸우고 있었는데 지나가는 행인이 큰일 난 줄 알고 벨을 눌렀다.

　　행인이 다급한 목소리로 말했다.

　　"낮은 목소리의 대화로 풀어야 되지 않겠습니까?"

　　남편이 투덜거리며 대답했다.

　　"풀기에는 너무 꽉 막혀 있어요."

　　그러자 아내가 변명했다.

　　"제가 독감에 걸려 코가 꽉 막혔는데 대화로 풀리겠습니까?"

　　곰곰이 생각하던 행인이 대안을 제시했다.

　　"그럼 제가 화장지를 댈 테니 푸시죠. 그냥 밀어 넣을까요?"

안경 퀴즈

1. 안씨가 아름다운 안경을 쓰면? 안미경
2. 그 안경을 박씨에게 빌려 주면? 박미경
3. 현씨가 가로채서 쓰면? 현미경
4. 겨울철에 누구를 그리워하며 만들면? 동경
5. 주로 밤에만 쓰고 경치를 구경하면? 야경
6. 가을에 쟁기질하면서 쓰면? 추경
7. 성당에 계신 높은 분에게 빌려 주면? 추기경
8. 점심 먹기 위해 낮 12시에만 잠깐 쓰면? 정오경
9. 한해를 보내고 새로운 해를 맞이하면서 쓰면? 연말연시경
10. 여자들이 한 달에 한 번씩 그날에 쓰면? 월경

포장

뒤늦게 결혼하여 안정을 찾은 남편이 시골에 계신 부모님께
보낼 장수식품을 포장하고 있었다.
옆에서 지켜보던 마누라가 한마디 거들었다.

마누라: 여보! 오늘 부치면 언제쯤 도착할까요?

남편: (다정스럽게) 전에는 비포장이라 사흘쯤 걸렸는데 요즘은
　　　아스팔트로 깨끗이 포장되어 있으니 하루면 떨어질 거
　　　야.

마누라: (한술 더 뜨며) 그런데 왜 포장하세요?

남편: (맞장구치며) 포장을 안 하면 사흘 걸린다니까.

장 장군!

장군으로 정년 퇴직한 장씨는 공원에 가서 장기 두는 낙으로 살고 있다.

하루는 10여 년 정도 수상이신 할아버지와 장기를 두게 되었는데 게임이 되질 않았다. 장군 멍군이 10여 차례 계속되더니 마지막 승부수를 얻어맞았다.

할아버지께서 상을 움직이며 소리쳤기 때문이다.

"장군! 상장과 포장을 받아라! 양수 겹장이다."

장장군은 시무룩해지더니 응수했다.

"저는 장군이 아니라 장장군인데요."

그러자 할아버지께서 근엄한 목소리로 꾸짖었다.

"장가건 시집이건 장군 받으란 말이다."

장장군은 모기만한 목소리로 사정했다.

"저 군에 있을 땐 상장과 포장을 많이 받았는데, 후진들을 위해서 둘 중 하나만 받으면 안 될까요?"

여수

  결혼 30주년이 되자 오동도가 그리워진 부부는 여행을 떠났다. 여수에 도착한 후 신혼여행왔던 기억을 되살려 겨우 그 여관을 찾아 투숙하였다. 그리고 옛날 이야기를 하며 밤이 새는 줄도 모르고 있었다.

남편: 여보 마누라! 그래도 그때가 더 좋았지?

마누라: 새삼스럽게 왜 그러세요?

남편: (커튼을 열어 제치며) 여수에 오니 여수가 남다르구려.

마누라: (기다렸다는 듯이) 30년 전에도 그 말을 하면서 나를 유혹했죠?

남편: (커튼을 닫으며) 여수는 여수야. 별걸 다 기억하고 그래. 잠이나 잡시다.

마누라: 딴 데 가서 알아보세욧!

화장

　　칠순을 넘긴 노부부는 고민에 빠졌다. 국토는 좁은데 죽으면
묻을지 태울지 결정을 못했기 때문이었다.

　　어느 날 이 문제에 대해 마누라와 진지하게 상의하였다.

　　"우리 죽으면 화장할까, 매장할까?"

　　마누라는 대답 대신 안방으로 들어갔다.

　　조금 후 예쁘게 단장하고 나오면서 말하였다.

　　"화장하니까 이쁘죠? 처녀 때 같아요?"

　　그러자 남편은 그 순간 결심을 굳혔다.

　　"그래, 당신을 보니까 나도 화장해야겠소."

칠순을 바라보는 D는 오래오래 살기 위해 헬스장과 수영장, 그리고 단전 호흡을 배우러 다녔다. 어느 날 밤 늦게 집에 오는데 불이 꺼져 있었다. 초인종을 눌러도 반응이 없자 악을 썼다.

"마누라, 빨리 문 열어!"

조금 있으니까 마누라가 힘없이 문을 열자 꾸짖듯 말하였다.

"이 할망구가 지금이 몇 신데 벌써 잠을 자나."

마누라는 어이없다는 듯 노려보며 대꾸하였다.

"아까 낮에 어떤 젊은 양반이 와서 전기를 끊어 버리데요."

그러자 씁쓸한 표정을 짓던 D는 갑자기 푸념을 늘어놓았다.

"아니, 단전수련이 끝나려면 아직 멀었는데 벌써 단전을 시켰다고?"

방 한쪽에는 전기세 납부 고지서가 여러 장 뒹굴고 있었다.

기쁨조의 영업실적

기쁨조는 가무조·행복조·만족조로 구성되어 있다.

어느 날 이 3개조가 영업을 개시하면서 치열한 홍보전을 전개했다.

가무조: 우리 춤사위를 보시와요. 시선 집중!

행복조: 당신네들은 춤씨를 사위로 맞이했나요? 윤항기가 우리를 보고 '나는 행복합니다'고 했잖아요.

만족조: 향기만 많으면 뭐해요? 잡히는 게 있고 건지는 게 있어야 만족할 거 아닙니까.

3개조가 치열한 경합을 벌이고 있는데 기쁨조장이 결론을 내렸다.

"기쁘다 기뻐. 기쁨 두배에 3개조니까 전부 6조다. 많이 벌었지?"

초혼

결혼 후 반세기가 지나자 짱구도 어쩔 수 없이 늙고 병들어 죽음을 눈앞에 두었다.

지그시 눈을 감은 짱구는 지난 평생을 머릿속으로 그려 보았다. 그리고 한참 후 입을 열었다.

"여보, 우리가 50년 전 초혼을 하여 이제는 금혼식까지 치렀으니 죽어도 여한이 없구려."

찡해진 마누라는 대답하였다.

"오래오래 살아서 재혼도 하시구려."

갑자기 기분이 좋아진 짱구는 나지막이 말하였다.

"그럼 내가 먼저 가 있을 테니 당신이 초혼을 하여 내 뒤를 따라오구려. 그때 가서 다시 재혼하여 시작합시다.

궁시렁 궁시렁: 헉! 무슨 그런 심한 말을~

후사

 짱구는 늙고 병들어 결국 임종을 맞이하게 되었는데 온 가족이 함께 모여 노심초사하였다.

 드디어 운명의 시간이 다가오자 입을 열었다.

 "이제 때가 되었나 보다. 녹음기를 가져오너라."

 모두들 유언과 함께 유산분배를 기대했는지 숨을 죽였다. 짱구는 작은 목소리로 또렷하게 말하였다.

 "옆집, 뒷집, 앞집 등 모두 500만 원의 빚을 졌다. 형제들끼리 골고루 나누어서 책임지도록 하여라."

 그리고 마누라 손을 잡으며 말하였다.

 "못난 사람 만나 고생 많았구려. 당신 몫은 따로 챙겨 놓았으니 그걸로 편히 지내구려. 비밀번호는 처음 약속한 숫자요."

 모두들 넋을 놓고 있는데 한마디 더 하였다.

 "여보, 후사를 부탁하오. 일만 잘되면 저승에 가서도 꼭 후사하리다."

사(士)들의 천국

옛날 우리 선조들은 사농공상(士農工商) 순으로 서열을 매겼다. 내가 어려서는 농(장농)하고 공(축구공? 야구공!)하고 상(밥상? 부상!)을 미리 사 놓아야 되는 줄 알았는데 좀 커 보니 유교사상의 산물이렸다!

요즘은 밥상을 사든, 축구공을 사든, 장롱을 사든 뒤죽박죽인데 맨 앞줄에 있는 사(士)가 문제다.

그 실체를 가나다순으로 짚어볼까 한다.

검사: 숙제검사 했니? 아이쿠 내 숙제도 아직 못했잖아.

교사: 뭘 가르친다고? 윽! 교사범 될라.

변호사: 누가 누굴 변호해? 뒷간에서 변 볼 때 망이나 보는 게 났겠다.

약사: 약 사세요! 독약인지 보약인지 돈 내고 일단 잡숴 봐.

의사: 히포크라테스여! 그대는 언제 외치다 죽었나. 우리와는 무관하지?

판사: 판 돌아간다. CD인지 디스켓인지 판다 팔아! 판 사라니까.

하기사: 이런 일 저런 일 모두 하기 나름이지? 하하하-, 기사 양반!

해결사: 뭐가 해결이 잘 안 된다고? 돈만 내놔 봐. 깨끗할겨.

그리고 사업이 잘되는지 사(士)로 끝나는 직업이 기하급수적으로 늘고 있어 발 붙일 곳이 없다더라.

궁시렁 궁시렁: 나는 그냥 1004ㄴ 할래~

훈장님의 성교육

어느 날 훈장이 서당에서 학생들에게 성교육을 가르치다가 3단 퀴즈를 냈다.

훈장은 칠판에 '백문불여일견(百聞不如一見)'이라고 써놓고 질문했다.

"이 뜻을 아는 사람?"

모두들 식은죽 먹기라며 합창했다.

"백 번 듣는 것보다 한 번 보는 것이 낫답니다."

훈장은 흐뭇한 표정으로 다시 질문했다.

"그럼 한 단계 업그레이드 된 뜻은 뭐냐?

그러자 약혼한 학생이 손을 들고 대답했다.

"백 번 보는 것보다 한 번 만져보는 것이 낫답니다."

알 수 없는 미소를 짓던 훈장은 마지막 질문을 하였다.

"맞다. 또 한 단계 업그레이드시킨 깊은 뜻은?"

모두들 조용히 있는데 신혼인 학생이 슬그머니 손을 들고 대답했다.

"백 번 만져보는 것보다 한 번 꽂아보는 것이 낫답니다요."

훈장이 그 학생을 쳐다보며 칭찬했다.

"무지무지 깊게 공부했구나. 너는 더 이상 배울 것이 없다. 졸업하거라."

국회의사당 시리즈 (1)

국회의원 선거가 끝나고 정기국회가 개회되었다. 금배지를 단 의원들이 의사당에 들어서며 서로 인사한다.

A의원: 안녕하신개라. 또 만나서 반갑구만이라우.

B의원: 이번에 5선 안 했능교. 겁나게 축하해 주이소.

A의원: 그란디 월매나 썼당가요?

B의원: 쓰기는 뭘 썼다고 하능교. 확 뿌렸부째.

A의원: 참말로 부럽구만이라우. 돈이 그리 많당게라.

B의원: 돈은 무슨…. 그쪽은 쪼매 썼능교?

A의원: 빚을 많이 졌당게라.

B의원: 무슨 걱정 하능교. 또 걷우면 될 꺼구마.

국회의사당 시리즈 (2)

국회의장과 각 상임위원장 선출이 끝나고 함께 식사하면서 각자 소신을 밝혔다.

국회의장: 저는 전반기 동안 5억만 해먹겠습니다.

국방위원장: FX사업 한 건만 터트리면 간단히 10억을 해먹을 수 있는데 그렇게 배짱이 없어서야 되겠습니까.

건설교통위원장: 난개발 공사 허가 압력 몇 건만 넣으면 몇십 억은 문제 없죠.

통일외교위원장: 북으로 가는 거 빼돌리면 몇백 억은 꿀꺽이죠.

교육위원장: 학생 1인당 10만 원씩만 해먹어도 몇천 억 아닙니까.

산업자원위원장: 모든 산업자원을 담보로 하면 억이 문젭니까.

예결위원장: 나라 살림 절반만 해먹어도 50조가 넘습니다요.

궁시렁 궁시렁: 정치판, 멍~ 멍~

국회의사당 시리즈 (3)

드디어 각 상임위별로 국정감사가 진행되었는데 아태재단이
표적이 되었다.

국회의원: 비밀장부 있는 거 다 안다. 내놔 봐라.

부이사장: 나는 모른다. 아부지한테 물어봐라.

국회의원: 부전자전이라더니…. 꼬불친 돈 우쨌냔 말이다.

부이사장: 나는 부씨다. 정씨한테 물어보란 말이다.

국회의원: 끝까지 버티면 전부 확 불어뿐다.

부이사장: 잠깐, 내 가져온다.

국회의원: 진즉 그렇게 나올 것이지….

부이사장: 근데 의원님 게 제일 많이 갔네!

국회의원: 다시 한번 잘 살펴그라.

부이사장: 틀림없이 맞다. 전부 불라면 불어뿌라.

국회의원: 없었던 일로 하자. 나 간다~.

부이사장: 까불고 있어. 다칠라꼬.

궁시렁 궁시렁: 푸하하, 으씨!

국회의사당 시리즈 (4)

국정감사가 끝나고 총결산을 하게 되었다.

의장: 의원 여러분들의 노고에 감사드립니다.

의원A: 별로 한 게 없는데요.

의원B: 너무 짧은데 더 연장하면 안 될까요?

의장: 왜 그렇게들 생각하십니까?

의원A: 초선이라 뭘 알아야 하지요.

의원B: 5선이라 가는 곳마다 융숭한 대접을 받아서요.

의장: 그런 말씀들 마시고 열심히 일합시다.

의원A: 내년엔 더 낫겠지요.

의원B: 갔던 식당과 술집들을 잘 기억해 놓아야 할 텐데….

국회의사당 시리즈 (5)

임기 4년 중 3년 6개월이 지났다.

그러던 어느 날 여의도 의원회관 식당에 모여 서로 중얼거렸다.

의원A: 지금부터 6개월 동안 목에 기브스를 풀어야겠어.

의원B: 난 서점에 들러 성경과 불경부터 사야겠는데…….

의원C: 지역구는 갈수록 힘들단 말야. 이번엔 쩐국구 (錢國區)로 나올까?

의원D: ○○는 내 텃밭이니까 넘보지들 마.

의원E: 돈은 얼마든지 쏜다.

의원F: 어디서 돈을 빌리지?

의원G: 양로원에나 들어가야겠어.

온달장군과 반달장군

휘영청 보름달이 떠 있고 드넓은 한강이 내려다보이는 아차산에 예비역 반장군 부부가 약수를 뜨러 왔다.

반장군이 부인에게 말했다.

"여보! 여기가 어딘 줄 아시오?"

"어디긴 어디예요. 아차 하면 목 날아가는 아차산이죠."

"내가 온달장군과 함께 이 아차산에서 싸운 사실도 알고 있소?"

"그럼 당신은 온달장군 밑에 반달장군이었겠네요."

"그렇구 말구요."

"그런데 당신은 어떻게 해서 아직도 살아 있어요?"

"온달장군은 워낙 밝아놔서 적의 표적이 되었지만….."

"당신은 반달이라 어두침침해서 목숨을 건졌다고요?"

"당연한 말이요. 그대는 평강공주보다 훨씬 행복한 줄 아시오."

"그래요? 할 수 없이 저는 한강공주 해야겠네요."

이때 지나가던 할아버지께서 한마디 하셨다.

"니들 소꿉장난 하냐? 귀때기에 피도 안 마른 것들이 어른 흉내를 내?"

대변과 소변

"정치판은 개판이다"고 ○○당 대표가 말했다.

옆에 있던 대변인이 "그럼 소판이나 말판인 줄 알았느냐"고 반문했다.

한참 실랑이를 하다 보니 둘 다 화장실에 가고 싶었다.

당대표: 화장실에 갔다와서 하지?

대변인: 저도 그 생각 했습니다. 그러시죠.

당대표: 난 대변이 보고 싶은데….

대변인: 저는 항상 대변하기 때문에 소변만 보겠습니다.
당대표: 화장실 갈 때만 의견이 어느 정도 일치되는군.
대변인: 저도 그렇게 생각합니다.
당대표: '정치판은 화장실판' 이라고 고치면 어떨까?
대변인: 생각 좀 해 보겠습니다.

둘은 집무실로 돌아와서 개판 대신 화장실판으로 지금까지도 입씨름을 하고 있다.

삼복더위 피서법

삼복(초·중·말복)더위가 되면 삼계탕을 먹니 보신탕을 먹니 하면서, 이열치열 작전과 은행에서 시간 때우기 전술을 구사하는데 돈 안 들이고 피서하는 방법이 없을까?

"하늘이 무너져도 솟아날 구멍은 있다"던데 몇 가지를 소개해 본다.

1. "초·중·고가 맞을까, 아니면 초·중·말이 맞을까"하고 교육부에 항의성 문의 전화를 한다. (필히 사무실 또는 수신자 부담 전화 이용)
2. "맞불작전을 하고 싶은데 나는 왜 복이 없냐"며 부모님께 달려가서 따진다. ('복' 자가 들어 있지 않은 성명을 가진 사람만 해당)
3. 복날 플라스틱 바구니 앞에 놓고 길거리에 엎드려 있으면 과연 삼계탕 또는 보신탕 값이 나올까를 상상하며 실천해 볼까? (장애인 협회에서 경고장 날아들겠지? 송구 송구….)
4. "삼십복으로 잘게 썰면 더위가 분산되어 짜증이 덜 날 텐데…" 하면서 조상 탓을 있는 대로 해 본다. (비만클럽 회원 중심으로….)
5. 내 오복과 삼복을 서로 맞바꾸던지 3:3으로 교환하던지 초복전날 만나서 협상을 한다. (삼복 사무실 이용)

6. 복 잘못 먹으면 곧바로 염라대왕 부하가 되니 복집은 가지 않겠다고 각서를 쓴다. (복어 전문식당 사장이 몽둥이 들고 쫓아오겠지? 죄송….)

궁시렁 궁시렁: 허허허, 이제 더위 좀 가셨나?

재단과 재단사

10여 년 전 일해재단이 있었고, 지금은 아태재단이 떵떵거린다. 그리고 그 전철을 밟으며 도마 위에 올라있다. 급기야 양쪽 대표 부부가 회동을 하였다.

김ㅇ중: 말하자면 꼭 없애부러야 된단 말이재.
전ㅇ환: 그럼 우짤끼고…. 백담사 갈끼가 천담사 갈끼가.
이ㅇ호: 누가 재단을 잘못했단 말이가.
이ㅇ자: 처음부터 재단사를 잘못 선택한 기다.
김ㅇ중: 이사장은 다 틀려뿌럿재!
전ㅇ환: 언제 성을 갈았노. 하문 김사장이구마.
이ㅇ호: 백담사는 싫고 하의도는 우짰나?
이ㅇ자: 전기 들어가나? 양초 마이 준비하그래이.
김ㅇ중: 우리 모두 검은 돈은 준비 돼 있재이. 내중에 함께 모여 고스톱이나 치자, 윷놀이 하까?

국수주의와 김밥주의

국수주의(國粹主義) 국가인 일본이 3차 세계대전을 일으켰는데 평화를 원하는 대한민국은 이를 응징하기 위해 긴급 안보회의를 열었다.

대통령: 분야별로 대비책을 말해 보시오.
국방부장관: 국수주의를 타도하기 위해 전국적인 전시 동원령을 선포해야 합니다.
합참의장: 이번 기회에 국수주의는 물론 김밥주의도 파멸시켜야 합니다.
대통령: 김밥 옆구리 찢어지는 소리 하고 있네.
국방부장관: 김밥을 싫어하나 봅니다. 이해 하시지요.
합참의장: 저는 국수와 김밥 모두 싫어합니다.

황혼의 노(NO)신사

40여 년 전 쿠데타를 일으켜 정계에 입문한 김○○라는 신사가 있었다. 이제 팔순을 바라보는 노신사는 새천년 들어 황혼을 불사르겠다는 강한 의지를 표명하며 기자회견을 자청했다.

기자: 실례지만 춘추가 어떻게 되십니까?

김○○: 춘추는 모르겠고 하동은 70세쯤 되나 보오.

기자: 이제 은퇴하실 때가 되지 않았습니까?

김○○: 은퇴는 무슨! 금퇴면 몰라도….

기자: 저녁놀을 불사르겠다고 하셨는데요.

김○○: 바닷속으로 침몰하는 태양을 본 적 있소?

기자: 가끔 봅니다만…. 어디서 불사르시려 합니까?

김○○: 부여에서 가까운 서해바다가 낫겠지?

기자: 태안반도 어디쯤이 되겠군요.

김○○: 옛정도 있고 하니 신안 쪽으로 가려 해.

기자: 몇 해 전 야합해서 기형아를 낳지 않으셨습니까?

김○○: 비록 노(NO)신사가 됐지만 정열은 남아 있거든.

기자: 정자들이 잘 배열되어 있다는 뜻입니까?

김○○: 기자 양반! 뭘 모르시는구만. 안타까워….

그로부터 1년 후 둘 중 한 사람은 정말 안타깝게 되고 말았다.

당명 알아맞히기

우리나라 3대 정당은 새천년 민주당, 한나라당, 자민련(자유민주연합)이다. 이들 모두 몇 년 주기로 보란 듯이 당명을 바꿨다.

우리 속담에 "호박에 줄 긋는다고 수박되냐"고 했는데 다음 당명은 어떻게 될까.

1. 새천년 민주당

'새정치 국민회의'에서 바뀐 걸 보면 주로 새들이 모여 모이를 쪼아먹는 모양이다.

그렇다면 다음에는 '새만년 독재당'이 유력하다.

2. 한나라당

'신한국당'에서 변신한 걸 보면 한(恨) 맺힌 사람들끼리 신세 타령만 하는 모양이다.

예상 당명은 강 건너 불 보듯 **'한맺힌당'**이 뻔하다.

3. 자민련(자유민주연합)

'신민주공화당'에서 변신했는데 여섯 글자의 새로운 당명이 예상된다.

'황혼 밝히기당'이 거의 확정적이다.

명사들의 별명

고이즈미(GOIS美): 친미주의자
나폴레옹: 철부지 영감(나풀나풀거리는 翁)
만델라: 발명가(뭘 자꾸 만들려고 한다.)
미테랑: 바람둥이(항상 밑하고 논다.)
부시: 게슴츠레(부시시 일어난다.)
블레어: 성욕자(브레지어를 좋아한다.)
아라파트: 사교가(파트너가 누군지 안다.)
클린턴: 비신사(깨끗하게 턴하라.)
푸틴(푸~teen): 풋나기 10대
히틀러: 폭력가(총칼을 휘두른다.)

수정 고드름

한때 장안의 화제가 되었던 ○수정이 애인과 함께 시골에 갔
다. 갓 소한이 지난 엄동설한이었는데 초가집 처마에 고드름이
주렁주렁 열려 있었다.

수정: 어머! 저 고드름 좀 보세요.
애인: 내 물건하고 비슷하게 생겼는데….
수정: 참 먹음직스럽게 보이네요.
애인: 하나 따 줄까?
수정: 그러세요. 그런데 무슨 고드름이죠?
애인: 수정이가 먹으니까 수정 고드름이지.

수정: 쟤들은 어떻게 수정할까요,

애인: 그야, 높은 초가집의 수놈이 한 방울씩 쏘겠지.

수정: 호호호! 굵고 긴 수정 고드름으로 따 주세요.

애인: 그럼 딸 필요없어.

수정: 왜요?

애인: 며칠 전 내 고드름을 굵고 길게 수정했거든.

궁시렁 궁시렁: ○수정~, 꺄아악~.

현대판 오경박사

옛날 옛적 백제시대 때 **주역, 시경, 서경, 춘추, 예기** 등 다섯가지 경서에 통달한 사람을 오경박사라 하였다.

그로부터 1,400년 후 천지가 개벽한 2000년대의 오경박사는 누구일까?

1. 주역 → 조연

절대로 주역이 될 수 없으며 되어서도 안 된다.

2. 시경 → 분·초경

지금은 시(때)를 따지는 것이 아니라 분·초를 다툰다

3 서경 → 동경

세상이 어수선해 동쪽을 바라보며 그리워한다.

4 춘추 → 하동

꽃피고 낙엽지는 걸 감상하는 시대가 아니고 더위와 추위에 대비할 때다.

5. 예기 → 무례

예의와 체면만 따지다간 길거리에서 쪽박 찬다.

이 다섯 가지에 통달하신 분이야말로 정오경에 오경박사 소리를 듣게 될 것이다.

아! 갑갑해 못살겠다

성냥갑 속에 든 성냥개비들이 서로 몸을 부딪치며 투덜댄다.

"아따! 여기는 무지무지 갑갑하네. 바깥 세상 좀 보고 싶당
께."
"호들갑 좀 그만 떨고 참그라."
"바깥 세상도 양갑이 땜시 시끄럽재?"
"갑순이와 갑돌이 말이가?"
"걔네들은 잘 살고 있재!"
"그럼 누구 말이고….'"
"알았다. 투캅스 말인갑다."
"시원시원하게 잡아뿌리면 좋컸는디-"
"갑갑을 전부 잡으면 다음은 을을을 잡을 끼재."

허벌나게 춥당께롱

우리나라가 월드컵 4강에 들어 독일과 준결승전을 하는데 마누라가 길거리 응원을 한다며 붉은 티 하나 걸치고 나갔다.

초여름인데도 그날따라 기온이 뚝 떨어져 불길한 예감이 들었는데 아니나 다를까 발(가)락 선수에게 한 골 먹어 지고 말았다.

후반전이 끝나고 조금 있으니까 "딩동딩동"하고 포스트우먼의 벨소리가 세 번 울렸다.

그런데 마누라가 힘없이 새파랗게 질린 표정으로 들어오고 있었다.

"전차군단이 떼거리로 몰려왔당가?"

"말시키지 마. 살 떨려."

"왜 살이 떠는데…. 휴대폰 진동으로 해놨나?"

"춥당께. 이불 좀 펴봐"

"아직 잠잘 시간도 아닌데…. 벌써 하고 싶어?"

"밖에 나가 보랑께. 허벌나게 춥당께롱."

"허허벌판에 풀들이 말라죽었나?"

궁시렁 궁시렁: 대~한민국을 외치던 그때가 그립다.

노총각 삼총사

노총각 신세를 면치 못하는 고교동창 셋이 횟집에 갔다. 그리고 무엇을 먹을 건지 고민에 빠지더니 옥신각신하였다.

"우리 서대회 먹을까?"

"이왕이면 동대회가 낫지 않냐?"

"아나고는 어때?"

"안 하고는 못 베기는데 짝이 없잖아?"

"셋다 병신이다. 병어회나 먹자."

"가만… 생각났다. 셋이 세꼬시 먹고 세 여자를 한꺼번에 꼬시면 어떨까?"

"좋다. 세꼬시 먹자."

"그런데 세 명 꼬시면 선택 순번을 정해야지?"

"가위 바위 보로 결정하자."

셋은 똑같은 걸 내거나 각자 다른 것을 내서 세꼬시가 나온 줄도 모른 채 지금도 '가위 바위 보' 의 승리를 위해 전력투구하고 있다더라.

천사의 형제들

천사 형제들은 모두 2남 8녀의 10남매다.

위로는 오빠 1명과 언니 4명이 있으며, 아래로는 남동생 1명과 여동생 3명이 있다.

그 인적 현황을 보면 다음과 같다.

제일 큰언니: 해사(얼마나 주면 해를 살 수 있지?)

다음 큰언니: 경사(날이면 날마다 경사났네.)

중간 큰언니: 조사(애고애고 이를 우째.)

바로 위 언니: 만사(세상만사 둥글둥글.)

한 살 오빠: 천오(여동생보다 한 가지라도 나아야지.)

한 살 남동생: 천삼(천사 누나만큼만 해라.)

한참 여동생: 백사(나 잡아먹고 힘쓸 자 그 누구여.)

이복 여동생: 십사(돈 주십사, 떡 주십사)

삼복 여동생: 영사(삼복더위에 우리 교민들 잘 챙겨.)

*추신: 원래 11남매인데 억사 언니는 탁탁 치니까 억억 하다가 결국 100일을 넘기지 못한 채 하늘나라로 가고 말았다.

잽싸게 끼어들어

권투선수인 J가 타이틀 매치를 위해 장충체육관으로 가는데
그날따라 교통이 혼잡하였다.
신호대기 중에 시계를 들여다본 매니저가 소리쳤다.

"30분밖에 안 남았는데 이러다가 늦겠다."
J도 약간 긴장하면서 대꾸했다.
"빨리 가는 방법이 없을까요?"
매니저가 머뭇거리더니 말했다.
"잽싸게 끼어들어야 되겠다."
그러자 J가 반문했다.
"얼마짜리 잽인데요. 그리고 어디에 낍니가?"
매니저가 어리둥절해 하고 있는데 J는 한마디 더 거들었다.
"싸디 싼 잽을 끼고 상대를 쓰러뜨릴 수 있겠습니까!"

할머니는 못말려!

우리 집 할머니는 귀가 잘 안 들리신가 보다. 어느 날 학교 수업이 끝나고 집에 왔는데 엄마는 외출중이고 할머니만 계셨다. 그런데 홍시를 들고 계신 할머니를 보자 갑자기 배가 고팠다.

"할머니! 밥 좀 주세요."

"뭐라고? 반만 달라고?"

"저 배고파요. 밥 먹을래요."

"배 아파서 반만 먹는다고?"

"아니예요. 제가 차려 먹을께요."

"안이 뒤집혀서 차게 먹는다고?

"괜찮습니다. 감이나 마저 드세요."

"우리 영감이 귀찮게 한다고?"

"신경 쓰지 말고 감 드신 후 편히 쉬세요."

"떼끼놈! 영감따라 빨리 죽으란 말이냐?"

어부는 지리에 밝다

　어느 날 어부가 게를 잡으러 갯벌로 나가다가 저 멀리서 숭어와 망둥이가 싸우는 걸 보았다. 어부는 자세을 낮추고 뻘길을 따라 가까이 가서 지켜봤다. 조금 있으니까 숭어가 몹시 화가 나서 말했다.

　"감히 네가 내 점프 흉내를 낸단 말이지."

　그러자 망둥이가 재빠르게 대꾸했다.

　"숭어만 뛰란 법 있냐? 새우도 뛰는데….."

　자존심이 상한 숭어는 망둥이를 물어뜯었다.

　"나를 건들면 이렇게 되는 거야."

　급기야 한쪽에서 지켜보던 망둥이 떼가 덤벼들어 아수라장이 되었다. 잠시 후 어부는 즐거운 마음으로 숭어와 망둥이 떼를 주워 담으면서 중얼거렸다.

　"내가 이래뵈도 학창 시절에 지리 공부는 좀 했다니까."

풍기문란

내 동생 풍기가 인삼을 구하러 풍기에 갔다. 그런데 저녁 늦은 시간에 전화가 걸려왔다.

"형, 큰일났어. 빨리 와야 되겠어."
"왜? 하늘이라도 무너졌냐?"
"그게 아니고 경찰서에 연행됐어."
"무슨 일로?"
"연화봉을 지나 풍기로 가는데 인삼 냄새가 풍기잖아."
"그래서….”
"두 뿌리 슬쩍 해먹고 저녁에 풍기에서 한 잔 했지."
"그런데 왜 연행됐니?"
"인삼 기운이 오르길래 고성방가에 방뇨를 하다가 그만….”
"야, 이놈 풍기야 싸다 싸. 풍기에서 풍기문란죄로 걸렸구나. 인삼 냄새는 절대로 풍기지 말고 나중에 희방폭포에서 깨끗이 씻고 오너라."

궁시렁 궁시렁: 캬~ 형님만한 아우 없다.

목수와 파출부

목수와 파출부인 부부가 어느 날 밤늦은 시간에 즐거운(?) 싸움을 하고 있었다.

목수인 남편이 먼저 말했다.

"낮에는 못박고 밤에는 X박느라 힘들어 죽것다."

그러자 파출부인 마누라가 대꾸했다.

"저도 마찬가지예요. 낮에는 빨래 빨고 밤엔 X빠느라고….'

그 순간 자고 있던 아들이 벌떡 일어나며 말했다.

"못은 망치가 박고 빨래는 세탁기가 하는데 힘들긴 뭐가 힘들어. 참고 있는 내가 힘들지."

불어?

주말 저녁 계모임에서 소주 3병을 마신 B씨는 자가운전하여 귀가하는 강심장(?)을 지녔다.

그러다가 불과 200m를 남겨놓고 음주 운전을 단속하는 경찰과 실랑이를 벌이게 되었다.

경찰이 측정기를 들이대며 단호한 자세로 말했다.

"죄송합니다. 부실래요?"

"불 게 없는데요."

"해먹은 게 없는데 뭘 불어요. 또 부시는 만난 적도 없고요."

“시간없어요. 빨리 부시라니까요.”
“지금 경찰을 갖고 놉니까!”
“우리 집에도 장난감 많아요.”
“마지막으로 경고합니다. 불지 않으면 공무집행 방해죄가 추가 됩니다.”
“꼭 불어야만 된다면 불어로 하지요. 삐에르 가르땡 봉쥬르 빨리 가쁘르. 가도 되죠?”

인상과 용상

잘 아는 후배인 역도선수 Y가 있었다.

밤낮을 가리지 않고 비지땀을 흘린 Y는 지역대표로 전국 체육대회에 출전하였다.

당일이 되자 응원을 하기 위해 선배가 현장으로 달려갔다.

대기실에서 초조하게 차례를 기다리던 후배가 반갑게 맞으며 말했다.

"형, 왔어? 힘이 절로 솟네."

"어느 절 쪽으로 솟냐?"

“아무래도 큰절 쪽인 것 같은데⋯. 금메달 따면 절해야 하니
까⋯.”
“긴장하지 말고 평소 하던 대로만 해라.”
“용상은 자신 있는데 인상이 걱정이야.”
“함부로 인상쓰지 마라. 인상만 구겨지지 않으면 금메달은 따
논 당상 아니냐?”
“그런데 지금 몇 번 불러? 지난 것 같은데⋯.”
“저기 내려오는 선수가 니 뒷번호 아냐?”
“맞아, 그럼 실격이잖아?”
“제발 인상쓰지 마라.”

삼강오륜이란?

▲삼강

· 지리

국제: 나일강, 양쯔강, 아마존강

국내: 압록강, 낙동강, 두만강

· 문화

삥, 삼, 팔, 똥, 비의 왕초 중 아무거나 3개 먹음.

· 체육

금 · 은 · 동메달을 딴 선수 또는 단체

· 유교

부위부강: 남편이 위로 올라가면 마누라는 아래에서 받친다.

부위자강: 아버지가 위에서 부르면 아들은 아래에서 대답한다.

군위신강: 임금이 위에서 호령하면 신하는 아래에서 굽신거린
다.

▲오륜

· 체육

경륜장에서 5번 레인 또는 다섯 번째로 들어오는 자전거

· 가정

사륜의 동생이자 육륜의 형

· 유 교

부자유친: 부자끼리 유별나게 서로 친하다.

군신유의: 임금과 신하는 서로 유의해야 한다.

부부유별: 부부끼리는 아주 유별나게 티를 낸다.

장유유서: 큰사람이나 작은 사람이나 꼭 유서를 남긴다.

붕우유신: 붕어들 세계에도 신의가 있다.

궁시렁 궁시렁: 싸부님, 한 수 배웠슴돠~ 꾸벅

머니들의 웅변

어느 날 머니들이 여의도에 모여 웅변대회를 했는데 모두들 열띤 응원전과 함께 열변을 토했다.

슬그머니: 소리 소문없이 해먹어야지…. 완벽하잖아.

에그머니: 달걀 값만 있으면 눈치 볼 것 없잖니?

어머니: 니들 뒷바라지 누가 했어. 따지면 어마어마한 돈이지.

홀어머니: 혼자 벌어 뒷바라지한 것과 차원이 같아?

아주머니: 나도 옆에서 가끔씩 도왔잖아. 숨은 공로자지?

할머니: 까불지들 마! 전부 누가 낳았는데….

호주머니: 놀고들 있네. 이 집 호주가 누구야! 뭐? 돈 있어야
　　　　　호주로 이민 간다고?

머니머니: 다들 시끄럽다. 양쪽으로 빵빵해 봐. 세상 두려울
　　　　　게 없지!

궁시렁 궁시렁: **과연 어떤 머니가 우승했을까?**

판서가 뭐야?

　고등학교 국사 시간에 선생님이 관직에 대한 설명을 하고 있었다. 한참 설명을 하던 선생님이 꾸벅꾸벅 졸고 있는 짱구에게 소리쳤다.

"짱구! 일어나 봐."

침을 질질 흘리던 짱구가 허겁지겁 일어났다.

"예? 아~예."

괘씸하게 생각한 선생님이 날카롭게 질문했다.

"판서가 뭐야?"

짱구는 말없이 칠판 쪽으로 나가 분필을 집어 들더니 몇 자 적었다.

"이걸 판서라 하지 않습니까?"

꿀밤을 한 대 먹인 선생님이 말했다.

"이조판서가 뭐야?"

짱구는 붕어빵 먹듯 대답했다.

"그거야 이씨조선에 관한 내용을 칠판에 써놓은 것 아닙니까?"

어이없는 표정을 짓던 선생님이 한 가지 더 물었다.

"마지막 기회다. 병조판서는?"

짱구는 능수능란한 솜씨로 배추머리를 그린 후 대답했다.

"선생님! 더 어려운 문제 없어요? 아직도 빈 곳이 많은데요."

냉철한 스튜어디스

칠순을 맞이한 노부부가 해외여행을 가게 되었는데 비행기를 처음 타기 때문에 매우 당황스러웠다.

이륙 직후 할머니가 소리쳤다.

"영감! 오금이 저려서 싸것당게라."

할아버지도 내심 비슷한 느낌이었지만 침착하게 대꾸했다.

"할멈! 그렇게 출발 전에 싸라고 했잖여…."

때마침 스튜어디스가 지나가자 할머니가 불러 세웠다.

"아가씨! 그거 있으면 하나만 빌려 줘."

어리둥절한 스튜어디스가 반문했다.

"그거라니요. 뭘 말씀하세요."

답답한 할머니는 은밀한(?) 부분을 손으로 가리키며 말했다.

"여기 차는 거 있잖여….기저귀 같은 거 말이여!"

스튜어디스는 약간 붉어지며 신경질적으로 응수했다.

"할머니! 아직도 그날이 있으세요? 저도 그날이어서 부족하니 위생봉투를 이용하세요."

그러자 할아버지가 자랑스럽게 말했다.

"그렁께 나처럼 관이 있으면 버틸 수 있잖여…."

잠자는 숲 속의 미녀

러시아의 작곡가 차이코프스키가 '잠자는 숲 속의 미녀'를 작곡했다.

이 환상의 발레곡은 1890년 페테르스부르크(레닌그라드)에서 초연을 했는데 대한민국 음악계의 거장 M씨가 원정길에 나섰다. 그리고 공연이 끝난 뒤에 차이코프스키에게 말했다.

"미녀가 숲 속에서 잠자고 있으면 위험하지 않을까요?"

"우리 러시아는 감시망이 잘 되어 있기 때문에 괜찮습니다."

"그래도 밤에는 위험할 것 같은데요."

"밤에는 제가 지키고 있는데 뭐가 위험합니까?"

"세상이 믿을 수가 있어야죠."

"저를 의심하는 겁니까?"

"의심은요. 왜 미녀를 숲 속에 재워서 제게 부담을 줍니까?"

"짝사랑하는 모양이군요. 한국에서도 공연 한 번 하죠."

"그래요? 한 10년만 임대하면 안 될까요?"

마지막 잎새

국문학을 전공한 M은 졸업을 앞두고 취직난을 실감하며 애인을 만났다.

둘은 포장마차에서 쐬주잔을 기울였는데 어느 정도 취기가 오르자 M이 입을 열었다.

"졸업하면 어떡하지?"

"시원섭섭하지 않겠어? 아쉽니?"

"뭘 먹고사냐고….."

"그야 밥 먹고 살지. 반찬도 먹겠구나!"

"사반세기의 젊음을 바쳤는데 겨우 이거냐?"

"니가 뭘 바쳐? 내가 순정을 다 바쳤지. 지는 받아먹기만 하고선….."

"그나저나 썰렁하다. 오! 헨리가 생각나기도 하고….."

"나 몰래 숨겨논 여자냐? 사실대로 불어."

"입냄새 풍기지 말고 책 좀 읽어라. 마지막 잎새도 모르니?"

"맞아, 이 쐬주 잎새주야. 그리고 마지막 잔이잖니?"

푸세식과 수세식의 차이점

1. 변소라고 생각하면 푸세식, 화장실이라고 생각하면 수세식.
2. 밥상과 떨어져 있으면 푸세식, 인접해 있으면 수세식.
3. 다가가서 헛기침하면 푸세식, 정중하게 노크하면 수세식.
4. 엄마 손 잡고 들어가면 푸세식, 나 홀로 들어가면 수세식.
5. 첫눈에 된장이 보이면 푸세식, 나올 때 살짝 보이면 수세식.
6. 바닥이 울퉁불퉁하면 푸세식, 비교적 매끄러우면 수세식.
7. 거침목이 있어서 신경쓰이면 푸세식, 편안하게 일 보면 수세식.
8. 호미나 삽이 보이면 푸세식, 거울이나 빗이 보이면 수세식.
9. 화장지가 두껍거나 다양하면 푸세식, 부드럽고 흰색이면 수세식.
10. 쉬파리나 구더기가 활개치면 푸세식, 안 보이면 수세식.
11. 자루 달린 바가지가 있으면 푸세식, 컵이나 손바가지가 있으면 수세식.
12. 아버지가 퍼서 옮기면 푸세식, 기관(시청, 구청)에서 기계로 푸면 수세식.
13. 비온 뒤 엉덩이 쳐들면 푸세식, 기

후와 무관하게 일 보면 수세식.

14. 불빛이 흐리거나 없으면 푸세식, 밝으면 수세식.

15. 마무리 동작 후 바로 나오면 푸세식, 뒷정리하고 나오면 수세식.

16. 지푸라기로 청소하면 푸세식, 수세미로 청소하면 수세식.

17. 단수형이면 푸세식, 비교적 절수형이면 수세식.

18. 역사가 길면 푸세식, 짧고 화려하면 수세식.

19. 도깨비가 나타나면 푸세식, 괴한이 나타나면 수세식.

20. 오리지날 냄새가 나면 푸세식, 가리지날 냄새가 나면 수세식.

절기들의 전쟁?

우리 선조들은 1년을 24등분하여 절기라 명하고 지혜롭게 살아왔다.

월드컵이 끝난 후 그 열기를 이어가기 위해 절기대회가 열렸다. 24절기들이 지역 예선을 거친 다음 그중 8강이 장충체육관에 모여 치열한 경쟁에 돌입했다.

대한: 얼마 전에 봤지? 대~ 한민국, 짝짝악짝 짝짝.

우수: 내 앞에선 모두 추풍낙엽이야. 낙엽이 우수수 떨어질 때….

청명: 비온 뒤 얼마나 깨끗하고 밝냐? 내 덕인 줄 알아.

하지: 너희들 배고플 때 하지 감자 먹지? 배부를 땐 그것도 하지?

대서: 더운데 볼펜 굴릴 일 있으면 말해. 공짜로 대신 써 줄게.

백로: 이슬 먹고 사는 나를 까마귀와 비교하는 것 자체가 수치야.

소설: 말로 소설 쓰냐? 글을 잘 모르면 눈이라도 뿌려야지.

동지: 한번 동지는 영원한 동지잖아. 동지 팥죽 먹고 도원결의 할까?

과연 이중 4강은 누굴까? 그리고 최후의 승자는?

한 가지 분명한 사실은 최후의 승자가 누구든 혈전으로 인해 한쪽 발을 절기 시작할지도 모른다는 것이다.

궁시렁 궁시렁 모범답안:

대한: 이십사절기 중 마지막 절후(양력 1월 20일경)

우수: 입춘과 경칩의 사이에 있음(양력 2월 18일경)

청명: 춘분과 곡우의 사이에 들며, 양력 4월 5·6일께

하지: 양력 6월 21일경, 북반구에서는 낮이 가장 길고 밤이 가장 짧음

대서: 몹시 심한 더위, 양력 7월 23일경

백로: 처서와 추분 사이로, 9월 9일경

소설: 이십사절기의 스무째. 양력 11월 22·23일경

동지: 밤이 가장 길. 양력으로 12월 22·23일경

▲강남가(신처용가)
강남 불빛 아래 허부지게 노닐다가
새벽녘 들어가니 가랑이가 네 개로다
두 개는 내것이고 두 개는 누구건가
니것내것 타령말고 뒤엉켜서 놀아보세

▲작대기가(신태산가)

작대기가 길다하되 바작 아래 놓이도다

늘리고 또 늘리면 못 늘릴리 없다마는

바작보다 늘어지면 작대기 타령만 하더라.

▲목욕탕가(신하여가)

남탕인들 어떠하리 여탕인들 어떠하리

남녀혼탕 뒤엉켜서 음탕한들 어떠하리

내돈주고 탕에가니 때벗기고 광내보세

생계 대책

사업가 S씨는 두 번째 부도가 나자 긴급 가족회의를 열었다.
그리고 심각한 표정으로 부인에게 말하였다.

"이제 달리 방법이 없소. 각자 헤어져 제 갈 길로 갑시다."
듣고 있던 부인이 한심하다는 표정으로 응수했다.

"겨우 두 번 얻어맞고 이혼이라고요?"
갑자기 힘이 솟구친 S씨는 반문했다.
"내가 언제 이혼하자고 했나! 잠시만 찢어지자고 했지."
순간 부인이 획기적인 제안을 내놓았다.
"찢으면 붙이기 힘드니 아이들은 지금 할아버지 댁으로 보내고 나는 저녁에 시댁으로 갈께요. 당신은 내일까지 아버님 댁으로 오세요."

열대야 현상

　폭염으로 농작물이 타들어가는 시골에서 두 모자가 땀을 뻘뻘 흘리며 밭에 물을 퍼날라 주면서 실랑이를 벌였다.

"엄마! 왜 이렇게 더워?"
"여름이니까 그렇지."
"밤에도 더워서 미치겠는데 왜 그래?"
"열대야 현상 때문이란다."
"뭐라고?"
"왜 그러니?"
"우리 지금 아홉 대야 주고 있지?"
"그렇지."
"물 그만 주자. 열 대야 주면 오늘 밤에도 찔 거 아냐."

전화 왔었어요

고등학교 2학년인 짱구는 독감으로 하루 쉬었는데 집에서 무수한 전화를 받았다.

그리고 저녁 무렵이 되자 외출에서 돌아온 어머니가 물었다.

"전화온 데 없었니?"
"굉장히 많았어요."
"생각나는 대로 세 군데만 이야기하렴."
"음, 백화점 하고 관리실 하고 카바레요."
"자세히 얘기할 수 있겠니? 용돈 50% 인상시켜 주마."

“정말이죠? 백화점에선 신상품 나왔다고 했고요. 관리실에선 제발 쓰레기 규격봉투 좀 써 달라고 했고, 카바레에선 장바구니 찾아가래요.”

“너 절대로 아버지한테 말하면 안 된다.”

“그럼요. 제가 누군데요. 제 부탁도 들어주세요.”

“뭐든지 말해라. 다 들어주마.”

“학교 평가실에서 전화왔는데 나 곧 짤린데요. 전학시켜 줘요.”

“아무래도 둘이 함께 짤리겠다. 짤리기 전에 먼저 짜르자.”

“가위하고 손톱깎기 가져올까요?”

궁시렁 궁시렁: 베지밀 집안 만만세!!!

콩 심은 데 콩 나고 팥 심은 데 팥 난다

　콩팥이 뒤엉켜 병원에 입원했다가 장기 치료 후 퇴원한 K씨는 고등학교 동창회 모임에 나갔다. 그리고 친한 동창으로부터 축하의 말을 들었다.

"그동안 고생이 많았네. 이제 괜찮은가?"
"덕분에 많이 좋아졌네. 이번에 크게 느꼈구만…."
"자세히 말해 보게."
"콩팥이 뒤엉켜서 혼비백산하지 않았겠는가."
"그런데 뭘 느꼈는가?"
"콩 심은 데 콩 나고 팥 심은 데 팥 난다는 사실 말일세."
"잘 이해가 안 되는데 무슨 뜻인가?"
"콩밭에서 팥이 나니까 콩팥이 뒤엉키지 않았겠는가."

자아

철학과에 다니는 J는 점심을 먹은 뒤 강의실로 들어섰다.

교수님은 자아(ego)에 대해 열강 중이었는데 식곤증에 시달리던 J에게는 달콤한 자장가 소리로밖에 들리지 않았다.

조금 있으려니까 면도날 교수님이 소리쳤다.

"J군! 꿈속에서 자아를 보았는가? 설명해 보게나."

옆 좌석의 동급생 도움으로 겨우 눈을 뜬 J는 속삭이듯 말했다.

"자~요? 몇 cm짜리냐고요?"

교수님께서 감정을 자제하며 재차 질문했다.

"에고에 대해서 설명해 보게나."

J는 비실비실 일어나며 혼잣말처럼 지껄였다.

"에고에고! 난 망했다. 권총 차는 건 시간 문제다."

그러자 교수님께서 밝게 웃으며 말했다.

"솔직해서 좋군! 자기 자신을 알아야지. 점수 걱정 말게나."

궁시렁 궁시렁: "e~go, e~go"

아리랑 동동

총칼 들고 서로 노려보는 대치동
삼각형이 물구나무선 역삼동
힘없는 동전끼리 똘똘 뭉친 일원동
서로 인상 쓰며 싸우는 성내동
길 잃은 아이들이 즐비한 미아동
쓸데없이 불장난을 일삼는 방화동
만주에서 온 이주민들이 사는 봉천동
이별의 봉우리가 많은 가리봉동
공룡이 살다가 죽은 공릉동
제기차기 명수들이
모인 제기동
임상옥이 기반을
닦아 놓은 상도동
방세 밀리면 바로
빼는 방배동

기름이 많아 화재 위험이 있는 길음동
끝까지 주장을 관철시키는 관철동
대한민국 정당사의 요람인 신당동
얼굴을 들고 다니기가 힘든 면목동

김치 품종

병조 머리를 담그면: 배추지
무지무지 싱겁게 담그면: 싱건지 (동치미)
채반에 걸러 담그면: 채지
이제 막 담갔다면: 갓지
수상하다고 느낄 때면: 어쩐지
다소 의외라고 생각되면: 왜 그러지
뺀질뺀질하다고 느끼면: 미꾸라지
심통이 고약하다 싶으면: 꼬라지
키스하면서 담그면: 감미롭지
졸다깨다 하면서 담그면: 졸지말지
갈수록 배짱이 두둑해지면: 배쨰지
때가 되어 하직인사 하면: 죽었지

장미 전쟁

500여 년 전 영국에서는 흰 장미와 빨간 장미를 가슴에 달고 무려 30년 동안이나 싸웠는데 결국 빨간 장미의 승리로 끝났다. 대한민국에서도 월드컵 대회를 절정으로 장미전쟁이 치열한데 전국적인 전황을 개관해 보자.

▲서울

청량리(588): 장미전쟁의 근원지라니까.(빨간 장미를 들고 연일 시위 중임.)

미아리: 우리가 현대식으로 발전시켰잖아.(흰 장미 들고 데모 중임.)

천호동: 신흥투기지역으로 한 단계 업그레이드시킨 개혁파 선봉이잖아?

기타지역: 언젠간 천지가 개벽할 거다. 두고 봐라.(군소연합세력)

▲부산 /경남

완월동(부산): 오륙도 보며 완전히 뽕 가구로 해 주꾸마.

기타지역: 한적한 곳으로 오시소마. 쥐기뿌리도 괘안심더.

▲대구/경북

자갈마당(대구): 쪼맨 자갈 깔아노문 쿠션 왕창 아닌가베.

기타지역: 사과도 묵고 뽕도 따고 일석이조 아닌기라예.

▲인천/경기

옐로하우스 (인천): 우리 집에 올 땐 노란 장미만 들고 와야 해.

기타지역: 러브호텔 · 물침대 · 비디오비젼 등으로 무차별 폭격
및 전투요원 모집 중.

▲대전/충청

유천동 (대전): 한밭에서 우리 동네 모르면 천박하구 말구유.

기타지역: 양반 체면이 대수유~. 즐거운 인생이구만유.

▲광주/호남

대인동 (광주): 대인들만 빨리 빨리 오드라고…. 팍 싸게 해불랑
께롱.

기타지역: 호남 평야와 바닷가에 냄비와
조개가 널렸는디 잡숴봐~잉.

▲제주

국제적인 관광지니까 화끈하게 놉서~예. (장미 대신 야자수로 변신
중.)

캠퍼스 별곡 (1)

이제 갓 대학생이 된 C는 긴장과 흥분이 교차하였다.
그러다가 머리에 털나고 처음으로 축제를 맞이했는데 애인이
없어 고민하다가 같은 과 여학생에게 다가갔다.

"저~어! 있잖아요."
"뭐가 있는데요?"
"그게… 그러니까 말이죠."
"뭔데요. 꽃게? 영덕게?"
"내일부터 카니발이 있잖아요."
"그거 기아에서 나오는데 문제 있습니까?"

“그게 아니라니까요. 축제요 축제….

“그런데 아직도 숙제 때문에 고민이 많으세요?”

“답답해 미치겠네. 애인이 없다니까—요.”

“야, 짜샤! 카니발 타고 축제장에 함께 가자는 거 아냐. 그런
걸 숙제라고….”

캠퍼스 별곡 (2)

둘은 함께 축제를 즐겼고 어느 샌가 가까워져 있었다. 그러는
사이 기말고사가 코앞에 다가왔다.

"공부 많이 했니?"
"족보를 찾으러 다니는데…."
"어디에 쓰려고?"
"우리 과 족보를 보
면 에이 뿔이라는데?"
"족보를 안 보면 비 뿔
이고?"
"거의 쌍권총 차게 될
거야."
"왜?"

"우리 학교 교수들 다 그렇잖아. 지가 최곤 줄 알고…."
"지간지 최간지 그래도 아쉬운 건 우리잖아."
"맞아. 꼭 족보를 찾아야 해."
"족보 센터에서 돈 주고 만들면 어떨까?"
"우선 찾아보자. 난 미시족 만나러 갈 테니 넌 야타족한테 가
볼래?

캠퍼스 별곡 (3)

어느덧 1년이 지나 버렸다.

둘은 엄동설한에 학교 앞 포장마차에서 쐬주잔을 놓고 송년회를 가졌다.

"세월 빠르기도 하다. 엊그제 입학한 것 같은데….."
"작년 1년은 꼭 10년 같더니만."
"자유와 젊음이 이래서 좋은 거 아니니?"
"근데 너 권총 몇 개 찼니?"
"권총 살 돈이 어딨냐? 물총이라면 몰라도….."
"짜샤! 사실대로 전부 불어."

"불어는 모르니까 국어로 할게. 아무래도 휴학하고 군대나 갈
까부다."
"그럼, 나 신발 벗어 버린다."
"벗든지 말든지 딴놈 거 신든지 맘대로 해라."
"군대 가면 세끼 먹여 주고 공부 안 해도 되잖아?"
"니가 내 대신 갈래?"
"벼엉신! 싸나이가 돼 가지고…. 대~ 한민국 면회 면회!"

캠퍼스 별곡 (4)

군대 가서 2년 남짓 썩고 오니 상전벽해가 되어 있었다.

C는 복학을 한 뒤 신입생처럼 새롭게 시작하였다.

그리고 라일락이 막 피려고 하는 봄에 캠퍼스 오솔길을 터벅터벅 걷고 있는데 뒤에서 누가 소리쳤다.

"아저씨! 어디 가세요?"

"여긴 나밖에 없는데 왠 아저씨?"

"군발이 아저씨 아
네요? 정보 캐러
왔죠?"

"내가 그렇게
늙어 보여?"

"내숭 떨지 마세요. 다
안단 말예요."

"너 누구 장가 못 가게 할
일있니?"

"아직 미혼이세요? 그럼 저랑 술 한 잔 해요."

"니기미 뽕이다."

"예?"

“뽕나무를 뽑아 너에게 주고 싶단 뜻이다.”
“무슨 뽕이요. 히로뽕?”
“뽕작뽕짝 네박자, 대관이 뽕!”

캠퍼스 별곡 (5)

어느덧 세월이 흘러 4학년 2학기가 되었다.

낙엽이 우수수 떨어지는 구슬픈 소리를 들으며 캠퍼스를 방황하던 C는 급기야 동전줍기 운동에 동참하게 되었다.

그런데 어디선가 애절하게 부르는 소리가 들려 돌아봤더니, 군대가기 전 애인이었다. 갑자기 힘이 솟구쳤다.

"오랫만이야. 학교는 웬일로?"
"성적증명서 떼러 왔어. 유학가려고…."
"유학은 얼어죽을…. 퇴계나 율곡 선생한테 배우면 되지."
"참 나 얼마 전에 결혼했다?"
"웃기고 있네. 결혼은 아무나 하나. 태진아나 하지."

“내가 코미디언인 줄 아냐? 이주일도 비실비실하고 있는
데….”

“난 달라. 그리고 키퍼 있다고 골 못 넣냐? 안정환 봐라.”

“지금 슛 쏘려고? 그날인데….”

“잘하면 피로 얼룩진 슛돌이가 탄생하겠군!”

“정말 쏠거야? 그럼 책임져야 돼!”

“걱정마. 정조준 말고 오조준 해서 쏠거니까.”

“그러다가 외눈박이 슛돌이가 탄생하면 어떡하지?”

캠퍼스 별곡 (6)

둘은 뜨겁게 달군 후 한참 동안 말이 없었고 캠퍼슨지 콤퍼슨지의 밤은 깊어만 갔다.

그리고 별이 하나둘 보이기 시작했고, 얼마 후 통증을 호소했다.

"나 대박 터졌나 봐."

"때리지도 않았는데 어디가 터졌냐?"

"어디긴 어디야, 옹달샘이지."

"그럼 이제까지 누구도 물을 길어가지 않았단 말야?"

"두레박도 없고 양동이도 없는데 누가 어떻게 길어가?"

"요즘은 관을 묻기 때문에 꼭지만 틀면 되잖아."

“상수관? 하수관! 그것도 아니면 송대관….”
“너 조용필 팬이구나. 일편단심 민들레.”
“이제 난 니꺼야. 책임져.”

결국 둘은 속도위반죄(?)로 과태료를 감수하면서까지 열창을
이어갔고, 빵빠레가 울린 다음 원룸을 얻어 한 지붕 한 가족이
되었다. 그리고 한 가지 교훈을 남겼다.
“○○대학교 교훈, 여러 개의 우물을 파되 관은 확실한 곳 한
군데에 심어야 한다.”

아내는 운전 중

짱구 부부가 한참 침실에서 뒹굴고 있는데 마누라 핸드폰이
울렸다. 마누라는 거의 홍콩으로 갈 지경이어서 짱구가 대신 받
았다.

"여보세요."
"짱구씨 아니세요?"
"맞는데요. 누구시죠?"
"부인하고 통화하고 싶은데
요…. 저는 짱팔씨 마누란데
요."

"집사람 지금 운전 중이라 곤란한데요."
"그런데 왜 이리 조용하죠? 은밀한 곳에서 자가용 운전 중입
니까?"
"예! 홍콩에 갔다가 낭떠러지로 떨어지기 직전입니다."
"지난번엔 영업용 운전하다가 죽을 뻔했는데 잘 도와주세요."
"전화 끊는 게 도와주는 거예요. 끊을게요."
"운전 끝나거든 전화 부탁합니다. 그리고 저도 좀 도와주세
요."

옥근 삼타?

　도서관에서 글을 쓰다가 신사용 화장실에 들어서는데 함께 연구하는 동료가 작대기를 받치고 있다가 마무리 동작을 하는 중이었다.

“폐유 반납하셔서 시원하시겠습니다.”
“글쎄요. 오염이나 안 되었으면 좋겠습니다만.”
“마지막 세레모니가 퍽 인상적입니다.”
“이거요. 옥근삼타(玉根三打) 전법 아닙니까.”
“예? 옥근이가 누굴 3번 때렸다고요?”
“그게 아니고 구슬 방망이를 3번 휘둘렀다는 뜻인데요.”
“그래요? 본게임을 앞둔 일종의 워밍업이구만요.”
“맞습니다. 잘 휘두르면 홈런이고, 못 휘두르면 삼진 아웃입니다요.”

장보고 말하다

　우리 동네에 재래식으로 된 수산시장이 있는데 어느 날 마누라와 함께 장을 보러 갔다.

　이것저것 산 다음 마지막으로 김 파는 집에 들어서자 수완이 좋은 주인 아주머니가 말했다.

　"김 사러 왔당가. 싱싱해서 김이 모락모락 하지라…."

　그러자 마누라가 대꾸했다.

　"자연산이 아니고 양식 아닌게라."

　갑자기 주인이 20cm정도 펄쩍 뛰면서 응수했다.

　"1200년 전에 장보고가 완도에서 먹어 보고 유명해진 그 맛이랑께."

　할 수 없이 내가 끼어들었다.

　"그랑께, 우리도 맛있는 장을 다 보고 갈라고 한디, 이 김도 장보고가 자연산을 먹고 맛있다고 말했다는 거 아닌게라. 맞지라?"

　주인 아주머니가 동조하자 마누라가 그 김을 사면서 한마디했다.

　"장보고가 누군디 우리 장 보는 데까지 쫓아와서 난리야!"

사사오입

    정치학과 · 국문학과 · 생물학과에 다니는 대학생 셋이 주막엘 갔다. 셋은 어려서부터 한 동네에서 자란 죽마고우였는데 대학 진학을 하면서 각자 다른 길을 가게 되었다.

    술이 어느 정도 취하자 누가 먼저랄 것도 없이 진지한 토론에 들어갔다.

“사사오입이 뭐지?”

“사사로운 것은 버리고 잘못된 것은 바로 세우는 것 아냐?”

“그게 아니고 다수결의 원칙을 말하는 거잖아.”

“사당오락과 이웃사촌인가?”

“오입을 할 땐 네 명이 가서 쏘란 뜻이겠지.”

“말로 오입을 하면 자손이 귀해서 대가 끊긴다고 하던데….”

“좋아. 그럼 행동으로 옮기자. 어디로 갈까?”

“난 오입할 돈 없으니 써니텐이나 사 먹고 흔들어야겠다.”

“그러지 말고 국회에 가서 과거 행적을 뒤져보자.”

“사사로운 일에 목숨 걸지 말고 더러운 입이나 씻자.”

그 순간 문이 스르르 열리더니 총장이 들어서면서 말했다.

“학생 여러분! 나까지 네 명 맞죠? 돈 걱정은 마세요.”

사태

회사에 근무하는 S는 구제역 파동이 일자 동료들을 설득하여 쇠고기를 먹으러 갔다. 주인이 주문을 받으러 오자 쇠고기를 달라고 했다.

음식이 나올 때까지의 화제는 한달 전 등산이었다. S는 자기의 무용담을 자랑스럽게 말하였다.

"○○산에 갔을 때 사태가 일어나서 등산객들을 재빨리 대피시켰는데 시장님이 감사패를 주지 않겠는가!"

이미 그 말을 여러 번 들은 동료들은 시무룩해 있었다.

그때 마침 주문한 음식이 나왔다.

사태가 이상함을 감지한 S씨는 딴전을 피웠다.

"사장님 이 고기는 뭡니까?"

식당 주인은 웃으면서 대답했다.

"예, 사태입니다. 맛있게 드십시오."

그러자 S는 약간 짜증스럽게 말했다.

"지금 산사태로 사태가 심상찮은데 사태까지 주면 어떡합니까. 우리 다른 식당으로 갑시다."

운명 교향곡의 탄생

독일의 작곡가 베토벤이 군에 입대했다.

신병교육대에서 짐짝 취급당하며 뺑이를 치고 있는데 조교가 불렀다.

"야, 신병…. 너 이름이 뭐야?"

"예, 불렀습니까 조교님! 저는 베토벤이라고 합니다."

"뭐라? 배 위에 토하고 아기를 뱄다고?"

"그게 아닌데요. 그리고 저는 남자잖습니까?"

"그러니까 더 이상하지. 너 트렌스젠더 아냐? 옷 벗어 봐!"

"벗어 봐야 조교님 것하고 똑같습니다. 크기만 다르겠죠?"

　조교는 신병 주제에 감히 반항한다며 세 시간 동안 두들겨 패고 얼차려를 주었는데 베토벤은 그때부터 귀가 잘 들리지 않게 되었다.

　그 후 군 복무를 무사히 마친 베토벤은 그 후유증으로 몇십 년 뒤에 귀머거리가 되자, 할 수 없이 머릿속으로 콩나물 대가리를 그리더니 오선지에 끼워 넣었다.

　그리고 나지막하게 홀로 부르짖었다.

　"이게 바로 내 운명이구나. 고향에 가서 곡소리 듣게 하고 싶다."

　그 유명한 운명 교향곡은 이렇게 탄생했던 것이다.

궁시렁 궁시렁: 아, 예~

들어 가세요

출근을 하는데 잘 아는 선배에게서 전화가 왔다.

"형님! 접니다. 아침 일찍 웬일이세요?"
"접기는 뭘 접냐."
"또 시작이십니까. 급한 일이세요?"
"급한 건 아니고 심심해서 해 봤다."
"그럼 소금이나 좀 드시죠. 간장을 드시던가….”
"점심때 3,000원만 빌려 줄래?"
"밥 값 없으세요? 알았습니다."
"12시에 ○○식당에서 보자."
"알았습니다. 들어 가세요."
"들어가기는 어딜 들어가? 창고 안에 있는데….”

너 정말 도전할래?

고려 말의 충신 정도전이 조선 개국 직전 정월 대보름에 선죽교를 거닐고 있었는데 이방원(태종)이 뒤에서 불렀다.

"삼봉이 삼촌! 함께 걸어요."
"방원이냐? 너도 잠이 안 오는 모양이구나."
"예, 삼촌도 그렇죠?"
"여러 가지 일들이 머리를 짓누르는구나."
"그러지 말고 우리 삼봉이나 쳐요."
"떼끼놈! 삼촌한테 도전하는 거냐?"

"삼봉이 어려우면 민화투 치든가요."

"너 정말 도전할래? 버르장머리 하고는…."

얼굴이 화끈거리던 이방원은 그때부터 가슴속에 비수를 품게 되었고, 6년 후 1차 왕자의 난(1398)을 일으켜 선죽교 그때 그 자리에서 다시 도전하였다.

그리고는 흔들고 쓰리고에 피박, 광박까지 씌워 무참하게 짓밟았다는 전설이 내려오고 있다더라.

궁시렁 궁시렁: 절반은 진실?

변들의 변명

나는 왜 변을 달고 태어나 항상 질타와 멸시를 받으며 살아야
만 할까? 때론 그렇지 않은 경우도 있지만 아무튼 변명을 들어
보자

소변: 쭈그려 앉을 수가 없도록 좁구만. 서서 쏴! 해야겠군.
대변: 짜식들이 일만 터지면 나한테 발표하라고 한다니까.
웅변: 곰 쓸개 몰래 먹고 싸 봐. 씁쓸할걸.
쾌변: 이거 유쾌한 거야, 불쾌한 거야?
맞변: 서로 마주보고 있으면 밥이 나오냐? 죽이 나오냐!
영변: 원자로 뜯어내고 진달래꽃 다시 심어놔.
해변: 나훈아 데려와서 한 곡 뽑으라고 해!
변변: 참말로 변변치 못해서 죄송합니데이.

"말(辯)이나 변(DDong & OJum) 모두 지저분하고 더러분데 이제
그만 치와라 치와."
"알아무웃다. 오바-코트. 교신 끝이데이."

서리

  정치를 제대로 하지 못해 국무총리가 해임되고 새로운 총리가
임명되었다.
  주정이는 친구와 함께 술을 마시며 이를 화제로 삼았다.

주정: 조간을 보니가 '서리'라는 꼬리표가 달려 있던데 왜 그
      러지?
친구: 국회의 동의를 얻어야만 꼬리표가 없어지는 거야.
주정: (해설을 곁들이며) 닭, 수박, 참외 등 서리를 잘해서 그런 줄
      알았는데 그게 아니었구나. 어젯밤에는 서리도 내렸었
      는데….
친구: 야, 임마 술주정 그만 해라. 오늘 밤에도 서리 내릴라.

궁시렁 궁시렁: 아~ 추워~ 잉.   -.-;;

칠갑산 장곡사의 밤

조치원에서 현역으로 근무하던 L은 주말을 맞아 마누라와 함께 장곡사를 찾았다. 만추의 노을을 바라보며 칠갑산에 도착하여 경내를 둘러본 뒤 L이 말했다.

"여기 칠갑산 맞나?"
"갑자기 왜 그러는데요."
"내가 둘러보니 육갑밖에 없는 것 같아서…"
"그래요. 한 갑은 어디에 있을까요?"
"글쎄. 여의도에 있나 모르겠네."
"그건 그렇고 장곡사가 너무 멋있지 않아요?"
"멋있긴…, 장송곡 비슷한 노래만 흘러 나오누만…."
"여기가 무슨 도깨비 시장인 줄 아세요?"
"알았다, 알았어…. 해 떨어졌으니 빨리 민박하자."
"뭐가 그리 급하세요."
"한 갑도 부족하고 곡소리도 나는데 무섭지 않나?"
"내일 아침에 다시 찾아보죠. 칠갑 맞을 거예요."
"알았으니까 빨리 방 얻자 말이다. 다녀간 흔적을 남겨야재…."

마그마

　사업을 하는 M씨는 잘 아는 거래처에서 현금 대신 약속어음을 받았다. 그러던 어느 날 지하자원이 풍부한 강원도 지역으로 출장을 갔는데 마그마가 분출되고 있는 장면을 목격하게 되었다.

　그저 신기하게만 여긴 M씨가 정신없이 바라보고 있는데 전화벨이 울렸다.

　"예, M입니다."
　"M사장님! 김○○입니다."
　"어이 김사장! 잘 지내고 있나?"
　"문제가 좀 생겨서 전화했습니다."
　"어음이 잘못 됐나?"
　"그렇습니다. 자금 사정이 나빠서 부도날 것 같습니다."
　"걱정말게. 내가 막음세."
　"정말입니까? 큰 액순데요."
　"지금 마그마를 보면서 감탄하고 있는데 그까짓 어음이 문젠가. 내가 막으마. 걱정 붙들어 매게나."
　"감사합니다. 이번에 막아 주시면 다음에 꼭 다시 뚫겠습니다."

비키니는 아름다워

대도시의 소음과 공해 속에서 찌들며 살아가는 B씨는 여름 휴가를 맞아 해수욕장으로 피서를 갔다.

그런데 바닷가에 도착하자마자 비키니 복장을 한 아가씨들이 쭉쭉빵빵 삼삼오오 떼를 지어 몰려다니는 것이었다.

노총각인 B씨는 눈이 휘둥그레지며 한쪽으로 얼른 비켰다. 그순간 아리따운 아가씨가 말을 걸어오는 것이다.

"아저씨는 참 순진하고 착하게 생기셨네요."

"노총각 혼삿길 막으려고 하남요. 그리고 칭찬입니까 꾸중입니까?"

"제가 지나가니까 재빨리 옆으로 비켜서 양보하셨잖아요."

"비키니 복장을 하고 있으니 당연히 제가 비켜야죠."

"왜요?"

"근사하고 멋진 각선미를 제공해 준 대가 아닙니까요."

"제가 그렇게 좋아 보이세요?"

"신데렐라 뺨치네요. 정말 비키니는 아름다워…."

"그럼 저랑 데이트해요. '비키니' 대 '비킨 이'로요."

"정말요? 이제사 총각 딱지 떼려나 보네. 엄마! 나 비키니 먹었어."

하던 거 계속하면 안 될까?

해수욕장에서 119 구조대원으로 근무 중인 S는 점심식사 후 휴식을 취하면서 출동 대기 중이었다.

더위를 먹었는지 눈을 껌벅거리며 공자를 만나려고 하는 순간 비상벨이 울렸다.

"비상, 비상! 여자가 빠졌다. 빨리 출동하라."

S는 구명조끼와 인공 호흡기도 없이 허겁지겁 달려가 무작정 헤엄쳐서 여자를 구해 냈다.

그리고는 백사장에 눕힌 다음 열심히 키스를 해댔다.

그러자 피서온 손님들이 이구동성으로 한마디씩 했다.

"아저씨! 할머니 깨어났는데 뭐 하세요?"

S는 뒤통수를 얻어맞는 기분으로 멈추면서 중얼거렸다.

"건질 때는 분명 아가씨 같았는데…. 장가가긴 틀렸군…."

그 순간 할머니가 나지막이 소리쳤다.

"어이 총각! 하던 거 계속하면 안 될까? 덜 깨어났는데…."

은행

　수확의 계절이 되자 은행에 근무하는 친구가 은행을 줍자고
해서 함께 가게 되었다.
　그리고 푸대 자루에 가득 주워 집으로 와서 은행알을 구워먹
은 다음 서로 의견을 나눴다.

“냄새가 이상하지 않냐?”
“약간 그래. 여자 냄새 같기도 하고….”
“그래도 난 맡을 만한데.”
“은행에서 돈 냄새 맡는 것이 더 좋을 텐데….”
“그런 소리 마라. ‘돈 냄새’ 소리만 들어도 구역질 난다.”
“그럼 이 은행하고 니네 은행을 바꾸면 어떨까!”
“그래도 구역질 나는 건 마찬가지야.”
“짜식, 배부른 소리 하고 있네. 돈 냄
새가 얼마나 좋은데….”

적벽대전

대전에 살고 있는 D씨는 일가족을 데리고 피서를 갔다.

이튿날, 휴식시간을 이용하여 「삼국지」를 읽던 아들녀석이 물었다.

"아빠, 적벽대전이 뭐야?"

D씨는 온갖 기억을 떠올리며 겨우 입을 열었다.

"음, 관우가 화용도에서 조조를 살려 준 전투란다."

고개를 갸우뚱하던 아들 녀석이 반문했다.

"그런데 왜 적벽대전이야."

질문의 핵심을 간파하지 못한 D씨는 대답했다.

"적벽은 동네 이름이고, 대전은 큰 싸움을 말한단다."

드디어 아들이 신경질을 부리며 따졌다.

"우리가 사는 동네는 안 싸우잖아. 화용도도 없고….

낌새를 챈 D씨는 그때서야 맞장구쳤다.

"그때 대전을 잠시 빌려 줬잖니. 받을 땐 한밭도 덤으로 받고…."

제자 백가

　3천년 전 중국의 전국시대 때 유가 · 도가 · 음양가 등의 9가지 제자들이 수많은 파벌을 형성하면서 살고 있었는데, 나이를 먹고 기력이 쇠약해지자 한반도로 이주해 왔다.

　그런데 한곳에 정착을 하지 못하고 여기저기 기웃거리다가 태권도 도장에 들어가게 되었다.

　아홉 명이 동시에 들이닥치자 관장이 직접 나와 반갑게 맞이했다.

　"아이쿠! 어서들 오십쇼. 이쪽으로 앉으시죠."

　제자 중 유가의 대가인 공자가 대표로 인사했다.

　"우린 중국에서 건너온 제자들입니다."

　"그러자 관장은 사범을 불러 물었다.

　"우리 도장에 중국산 제자도 있나?"

　사범은 단호한 어조로 대답했다.

　"국산 백가는 있어도 중국산 제자는 없는데요."

　관장은 제자들을 바라보며 애써 미소지은 채 말했다.

　"번지가 틀린 것 같습니다. 제가 생각해도 너무 늙어 보이십니다. 제 수제자가 아닌 듯합니다."

　그 순간 공자가 정색을 하며 반문했다.

　"지금부터 배우면 되잖아요. 단체 수강료 얼마죠?"

벽치기

운송회사에 근무하는 B씨는 물건을 상차하여 보내고 나자 다소 여유시간이 있었다. 그래서 동료들과 10원짜리 동전으로 벽치기 도박(?)을 했다. 10분쯤 지나자 100원을 잃은 B씨는 슬그머니 화가 치밀었다. 그리고 100원짜리 동전으로 벽치기하자고 제안하자 일행들이 동의했는데 또 10분쯤 지나자 2,000원을 잃었다.

심각한 표정을 짓던 B씨는 투덜거렸다.

"집에서 마누라와 벽치기할 때는 항상 내가 이기는데…."

그러자 동료가 응수했다.

"하루에 얼마나 따는데?"

B씨는 잔잔한 미소를 머금으며 대답했다.

"아침에 출근할 때마다 5,000원씩 주던데…."

제갈량의 출사표

지금으로부터 1800년 전 제갈량의 공명이 높아 와룡이라 했는데 촉나라의 유비가 빗속을 뚫고 세 번째 찾아가 무릎을 꿇은 뒤 정중히 사정했다.

"제발 저의 청을 거절하지 말아 주소서."
"지금 기도하냐?"
"저는 다 압니다. 일부러 그러하신다는 사실을 말입니다."
"나는 학교 성적이 나쁘다. 겨우 가를 면해서 양이잖니?"
"그게 무슨 대수입니까. 저는 학교 근처에도 못 갔는데요."
"그럼 본론으로 들어가자. 어떤 자리를 줄 껀고!"
"국방부장관이나 통일부장관 자리 중 고르시면 어떻습니까?"
"둘다 다오. 그럼 내 나가마."
"정말입니까. 감사 또 감사합니다. 몸둘 바를 모르겠습니다."
이리하여 제갈량은 20여 년 간 유비의 충신이 되어 적벽대전 등 수많은 전승을 올렸고, 유비가 죽자 위나라와의 오장원 전투에서 마지막 출사표를 외쳤다.
"이 제갈량에게 양질의 자갈을 물려라. 이제 말이 필요없고 행동으로 보일 때다. 그리고 대장부답게 죽기를 원하는 자만 나를 따르라."

그 후 지금까지 제갈량을 본 사람이 없다고 전해지고 있다.
아마 제갈 수나 우로 승격되어 환생하지 않았을까? 미도 괜찮
은데….

선풍기 아래에서 열심히 읽고 있는데 마담이 소리쳤다.
"제갈 양아! 커피 두 잔 배달이다. 그만 보고 준비해."

정관수술

친목단체 성격을 띤 작은 모임의 1주년 정기총회 날이었다.
그런데 이구동성으로 정관의 문제점을 지적했다.
"좋습니다. 그럼 정관수술을 안건으로 제시합니다."
"어떻게 하면 되겠습니까?"
"각 항목 별로 조목조목 따져 봅시다."
"좋아요, 다수결의 원칙을 적용합시다."
2시간 동안의 토론 끝에 세부 항목을 수정하였고, 마지막 통과의례를 남겨 놓았다.

"이제 됐습니다. 정관수술에 찬성하시는 분은 거수하세요."

그러나 아무도 손을 들지 않자 회장이 소리쳤다.

"정관수술 하자면서 왜들 이러십니까?"

"모두들 몇 년 전에 수술했는데 또 하면 고자가 될 수도 있잖습니까."

"그럼 정관수술은 없는 걸로 하고 월회비 30만원씩 빨리 내십시오."

죄와 벌

140년 전 도스토예프스키가 선언했습니다.
전당포 노파를 살해하면 무기징역.
내 사랑 소냐를 건드리면 총살형.

100년 후 그 책을 읽은 L이 선언했습니다.
탁구장 주인을 살해하면 무기징역.
내 사랑 춘향이를 건드리면 총살형.

150년 후 L의 아들이 선언했습니다.
PC방 사장을 살해하면 무기징역.
내사랑 히딩크를 건드리면 총살형.

200년 후 L의 손자는 이렇게 선언할 것입니다.
우주선 선장을 살해하면 무기징역.
내 사랑 둘리를 건드리면 총살형.

궁시렁 궁시렁: 위 내용은 우주선 제작 항공사와
복제인간 제조회사의 합동광고임.

나폴레옹, 핀을 버리다

지금으로부터 200년 전의 일이다.

짤막한 키에 어울리지 않는 칼을 찬 나폴레옹이 프랑스의 황제가 되더니 조세핀을 아내로 맞이했다.

그러나 강산이 한번 변하도록 아이가 없자 부부싸움이 잦아졌다. 드디어 나폴레옹의 지배를 결정적으로 종식시킨 워털루 전투의 전초전이 벌어졌다.

"부인! 우째 아이가 아이 생김메?"

"그기 전부 내 잘못이랑가."

"아무래도 수상타. 아이가 약 무웃나?"

"뭣 땜시롱 쥐약 묵나. 피임약이라문 몰라도….."

"치와라. 시장에 가면 핀 많구로. 헤어핀도 있고….."

"나도 날이면 날마다 조사버리는 조세핀 하기 싫당께."

"알았다. 잘 가구마. 창고 들러 알아서 집어 가그라."

"필요없당께. 머리핀 데리고 워털루 가문 어짠가 두고 볼랑께."

여기까지 읽던 또라이 아저씨가 책을 덮으면서 한마디 한다.

"불쌍타. 200년 늦게 태어나재! 정자은행과 난자은행이 주위에 널려 뿌렀는디."

끊기는 끊어야 하는데

50여 년 간 담배를 피워 온 D씨가 의사와 마주앉았다.
의사가 먼저 심각한 표정으로 말하였다.

"선생님! 언제부터 피우셨죠?"

"쑥스럽구만, 중학교 때부터 빨았는데….."

"빨지 말고 내뱉기만 하시지 그랬습니까."

"왜, 상태가 나쁜가 보지?"

"예, 놀라지 마십시오. 폐암 말깁니다."

"내 그럴 줄 알았다니까."

"오늘 당장 끊으셔야 합니다."

"집에 가서 권해 보리다."

"무슨 말씀이십니까?"

"부전자전이라더니…. 어쩐지 30년 전부터 내 꽁초가 없어지더라고…."

"예? 본인이 아니십니까?"

"지금 집에서 꽁초 빨고 있을 거야. 담배가 워낙 짧아서 가위로 끊기도 힘들 것 같고…."

굴파기 작전

회사에 근무하는 G씨는 결혼 5주년 기념으로 전방지역에 있는 땅굴 구경을 갔다.

아직 자식이 없는 이들 부부는 땅굴의 어마어마한 규모에 놀라 뒤로 넘어질 뻔했는데 겨우 중심을 잡은 G씨가 말했다.

"하마터면 코 깨질 뻔했어."

"그러게요. 이 굴 파는 데 얼마나 걸렸을까요?"

"한 3년 넘게 걸렸겠지."

"우리는 5년 동안 팠는데도 왜 아이가 안 나오죠?"

"장비가 시원찮든지, 장소 선택이 잘못됐든지 둘 중 하나겠지."

"아마 장비가 시원찮아서 그럴 거예요."

"그럼 돌아갈 때 착암기 좀 빌려갈까?"

"그러지 말고 지금 장비를 교체하세요."

"여기서 우리 둘이 새로운 굴을 파면 어떨까?"

"굴파기 하다 들키면 어떡해요? 무기징역일 텐데요."

"설마…. 공격용이 아닌 방어를 위한 번식용인데…"

"알았으니까 빨리 뚫어봐요. 좌삼삼 우삼삼 작전으로…."

손대지 마세욧!

1.
고압선이 흐르는 전봇대에 "손대지 마세요"라고 써 있었다.
밤늦게 집에 오는데 깡패 셋이 가로막았다.
"손 좀 봐줄까. 지갑 좀 봐줄까."
낮에 그 문구가 떠올랐다.
"손대지 마세요. 지갑은 잘 있어요."

2.
저녁을 먹고 바람 쐬러 공원에 갔다.
어떤 여자가 "손대지 마세요"라고 소리질렀다.
얼른 그곳으로 달려갔는데 이미 늦었다.
여자가 먹다 버린 붕어빵 2개를 어떤 남자가 벌써 잽싸게 먹
어치웠다.

3.
중매 결혼으로 신혼여행을 간 첫날밤이었다.
신랑이 게슴츠레한 눈으로 다가와 만졌다.
신부는 강력한 어조로 말했다.
"손대지 마세요. 통째 구워 드세요."

채기랑 비됴랑?

저녁식사를 마친 뒤 마누라 손잡고 산보를 갔는데, 얼마 전까지 못 보던 건물이 들어섰고 지하 입구에 입간판이 서 있었다.

자세히 간판을 들여다보니 '채기랑 비됴랑'이라고 쓰여 있는데 얼른 이해가 되질 않았다.

그래서 할 수 없이 마누라 옆구리를 찔렀다.

"저거 무슨 뜻이랑가?"

"글쟁이가 그것도 모른당가?"

"모른께 묻재. 자기도 모름시롱."

"책과 비디오 대여점이랑께."

"뒤통수 허벌나게 띵 해뿌네."

"내 댕기는 미장원 간판 이름 모르재."

"알면 간첩이재, 해결사든가."

"까까부까 뽀까부까 지져부까."

"그만 깍고 뽁아서 지지랑께. 골 때린당께."

상류 사회

한강 상류에는 다양한 종류의 물고기들이 살고 있는데 세월이 흐를수록 물고기의 종류가 줄어들고 있다. 공장지대는 물론 난 개발 공사 등으로 인해 오폐수가 급증하기 때문이다.

어느 날 서울에 사는 상류층 몇 사람이 한강 상류에 갔다가 문제의 심각성을 발견하게 되었다.

"상류가 왜 이렇게 오염됐지?"

"산업화에 따른 불가피한 현상이 아닐까?"

"우리들이 잘못해서 그런 것이 아닌가!"

"대책없이 허가해 주고 개발해서 그렇겠지."

"상류가 이 정도면 하류는 어떨까?"

여러 가지 대화를 나눴지만 특별한 대책이 없었고 한 가지 구호를 외치면서 자위하였다.

"구호준비! 윗물이 맑아야 아랫물도 맑다. 윗물 아랫물, 윗물 아랫물…."

몸통과 깃털

새천년 대한민국은 영어의 홍수 속에 살고 있다.

스피드 시대이다 보니 점(·)찍고 넘어가는데 몸통과 깃털을 비교해 볼까나?

A.C.의 몸통은 교류, 깃털은 모욕.(A. C.8은 국제적인 우수작)

B.C.의 몸통은 기원전, 깃털은 카드.(52인치? 48인치!)

D.C.의 몸통은 직류, 깃털은 할인.(조조?)

P.C.의 몸통은 컴퓨터, 깃털은 비웃음.(피~식)

W.C.의 몸통은 화장실, 깃털은 왔다씨!(물주? 꼬붕!)

A.D.의 몸통은 기원 후, 깃털은 에이 더럽다.(빨아)

D.J.의 몸통은 기수, 깃털은 목욕탕.(대중)

A.M.의 몸통은 오전, 깃털은 알아서 뭉게.(구름?)

P.M.의 몸통은 오후, 깃털은 피임약 또는 무좀약.

K.R.의 몸통은 대~한민국, 깃털은 남한.(허리 아래)

E.T.의 몸통은 외계인, 깃털은 구토.(뭘 넘겨!)

M.T.의 몸통은 단체훈련, 깃털은 E.T. 동생.(서열상)

궁시렁 궁시렁: 나? 골수 국수주의자다 왜??

체중과 신장의 부조화

신체 건강한 C가 신체검사를 받으러 갔다.
잠시 후 담당 군의관이 소리쳤다.
"체중70, 신장175, 합격! 다음….”
그런데 눈을 껌뻑 껌뻑 하는 꺼벙이 기록병이 앉아 있었다.
그리고 두 달 후 집으로 통지가 날아들었다.
"귀하는 비만과 난장병으로 병역이 면제되었음.”
C는 병무청으로 달려가서 따졌다. 꺼벙이 기록병이 아무렇지 않게 대답했다.
"체중과 신장이 바뀌었구만. 덕분에 면제됐잖아~요.”
C가 주먹을 불끈 쥐자 기록병이 사정했다.
"내 신장 다 줄게, 니 체중 다 나 줄래?”
C는 돌아서며 투덜거렸다.
"AC8! 이제 뭐 먹고 살지?”

초록파 3인방

가난한 시인 지망생 셋이 모여 쐬주 잔을 기울였다.

원조(조씨 1명) 투박(박씨 2명)이었는데 분위기가 무르익자 진지하게 토의했다.

조: 왜 시를 쓰니?

박1: 시가 나를 부르니까 그렇지.

박2: 어디서 많이 들어본 이야기다.

조: 우리도 팀을 하나 만들면 어때?

박1: 뭉치면 사니까?

박2: 좋아, 명칭은?

조: 지훈이 알지? 두진이와 목월이도….

박1: 청록파 시인 말이지.

박2: 유사품을 만들자는 거구나.

조: 맞아. '초록파 3인방' 어떠니?

박1: 그거 괜찮은데….

박2: 이름도 고쳐야지?

조: 공훈이로 할까. 해훈이로 할까.

박1: 난 한진이? 아니, 세진이가 낫겠지?

박2: 할 수 없이 금월 해야 하나. 토월이도 괜찮잖니?

옥신각신하고 있는데 주인이 소리쳤다.
"니들 오늘은 외상값 좀 갚아라. 시는 그만 쓰고…."

궁시렁 궁시렁:

외 상 값
줘 잉~

기대지 마세요

1.

도서관에서 공부하다가 엘리베이터를 탔다.

문이 스르르 닫히자 "기대지 마세요"라는 문구가 보였다.

그리고 집에 갔더니 어머니께서 반기며 말씀하셨다.

"공부 많이 했니? 이번에는 수석하겠지?"

순간 그 문구가 떠올랐다.

"어머니! 저한테 기대지 마세요. 너무 기대하지도 마시고요."

2.

남자 친구와 영화구경을 갔다.

오른쪽은 애인, 왼쪽은 어떤 남자가 앉았다.

한참 후 진한(?) 장면이 나오자 양쪽에서 내게 기댔다.

"기대지 마세요."

애인이 화를 냈다.

"뭐야? 어제는 호텔까지 가 놓구선…."

왼쪽 남자가 응수했다.

"그럼 볼장 다 봤네? 아유~ 재수없어."

종의 기원

다윈이 '종의 기원'을 발표하자 각계각층에서 자기들이 원조라고 우기기 시작했다.

교육학: 학교종(땡땡땡)

국문학: 세종(스물 여덟 자를 맹가노니….)

역사학: 태종(나보다 큰 마루 있어?)

생물학: 일품종(어떤 종자가 좋아?)

의학: 갑종(병역 면제 어림없지)

미술학: 만종(빨리 머리 숙여!)

철학: 종종(생각이 나던지 말던지.)

사회학: 몸종(언제부터 달라면 줬더라.)

체육학: 손기정옹(마지막 발음이 좀 이상하다?)

연예학: 최수종(더 뜬 친구 누구야?)

박물학: 에밀레종(내가 제일 고물 맞니?)

보신학: 토종(우리 것이 좋은 것이여!)

막 끝내려고 하는데 종교학계 대표가 항의했다.

"우리가 괜히 종칩니까. 먹고살아야 할 거 아닙니까?"

공화국 변곡

일제 36년의 기나긴 터널을 뚫고 해방된 지 반세기가 훌쩍 넘었다. 그리고 민주주의 한답시고 한솥밥 먹고 힘쓸 데가 없어서 서로 손가락질하며 이전투구의 소모전을 벌인 지도 반세기가 넘었다.

이제 새천년이 되었으니 학년별 성적을 발표해 볼까나.

▲제 1공화국(사사오입=사사 16에 5를 더하면 21점)
-독재 하는 것도 내 자유지?
-우남아 우남아, 눈 좀 똑바로 뜨고 살지 그랬니?

▲제 2공화국(4·19에서 5·16까지 각각 더하면 26점)
-민의원 참의원! 금배지 쪽 수만 많으면 최고냐?
-윤씨가 보선(보궐선거)하는 장면만 보여 주다 끝났지?

▲제 3공화국(60년대에 뭔가를 보여줬다. 60점)
-보자보자 하니까 구역질난다. 정의의 말뚝을 박으러 가마.
-새벽종 울리며 재건하자. 재건재건 파이팅!

▲제 4공화국(10월 유신×4공=40점)

-내가 욕심이 과했나? 가장 아름다운 것이 가장 한국적이잖아!

-결국 표범(재규어)에게 물려 죽었잖아.

▲제 5공화국(가운데에서 절반은 잘했어. 50점)

-형님! 제게 바통 넘기시죠. 쓸어버리겠습니다요.

-물가 박살, 개조하자 쓰레기통, 뽑아 먹자 심장 재단, 챙겨
 먹자 일해 재단

▲제 6공화국(F학점 3인방…. 아직 점수계산 안 끝났어.)

-7공 탄생하면 그때 가서 보드라고….

-H2O 태우, 수인번호 03, 대중 목욕탕은 출동 대기하라.

찍기 변천사

▲도끼로 나무를 찍을 때

-과거: 한 방에 보낸다.(주연료이기 때문에 숙달 되어서….)

-현재:여러 방을 찍어도 잘 쪼개지지 않는다.(과도기)

-미래: 찍을 일이 없다.(태양 · 바닷물 에너지 시대인데…)

▲뽑기 등 경품행사를 찍을 때

-과거: 양손가락 포개 비틀어 사이 구멍 보고 골랐다.(매우 신
중)

-현재: 대충 생각나는대로 즉석 찍기.(당첨되면 좋고 아니면 말고)

-미래: 묻지마 찍기. (대박 터지면 좋고 날리면 할 수 없고)

▲남자가 여자를 찍을 때

-과거: 일편단심 민들레야~.(찍힐 때까지 찍는다.)

-현재: 1회용 카메라로 찍는다.(찍으면 넘어가야 해.)

-미래: 필름 없이 찍는다.(찍는 시늉만 해 볼까.)

▲여자가 남자를 찍을 때

-과거: 내 모든 것을 다 주어도. (빨래 · 청소 · 밥+ α)

-현재: 술 사줄게 나와. (그리고 2인용 음주운전?)

-미래: 너를 찍고 싶어. (셔터 안 누르고 뭐해?)

일식집에서

일식을 좋아하는 L씨는 애인과 함께 일식집에 갔는데 조금 있으니까 종업원이 주문을 받으러 왔다.

"뭘로 드시겠습니까?"

L은 잠깐 기다리라고 말한 뒤 애인에게 물었다.

"뭘 먹고 싶지?"

"야끼만두와 그 동생 떼끼천두 각각 1인분씩요."

종업원이 어리둥절해하자 L이 재차 말했다.

"여기 일식집 맞아? 개기일식 1인분 추갑니다."

지도자 시험

지도자 과정 수업을 받은 G씨는 졸업고사를 보게 되었다.

'어느 한 지역에 지도자가 있다고 할 때 갖추어야 필수 덕목과 그 이유를 쓰시오' 가 문제였다.

모두들 여러 가지 덕목을 나열한 뒤 깨알같이 써내려 가는데 G씨는 단 1분 만에 전부 쓰고 자랑스럽게 퇴장했다.

함께 시험을 본 동료들이 나중에 물었다.

"뭐라고 썼기에 금방 나오셨습니까?"

G씨는 대수롭지 않게 응수했다.

"지도와 자가 있으면 연필 또는 볼펜이 있어야죠? 나침반도 있어야 할 거고…"

모두들 어안이 벙벙해 있자 G씨가 반문했다.

"그럼 내 시험지만 '지도'와 '자' 사이에 점이 찍혔단 말입니까?"

궁시렁 궁시렁: **'지도·자'**

고래사냥?

일곱 살 먹은 아이를 데리고 병원에 갔다.
병원 입구 슈퍼에 이르자 아이가 과자를 사달라고 보챘다.
눈에 띈 과자를 골랐는데 고래밥이었다.

병원 안으로 들어서서 의사와 상담을 했다.
심각한 표정으로 의사가 결론을 내렸다.
오늘 고래(포경)를 잡아 버립시다.

어린아이가 고래밥을 들고 수술실로 들어섰다.
잠시 후 의사가 칼을 들고 덤벼들었다.
아이는 고래밥을 팽개치며 고래고래 소리를 지른다.

겨우 수술을 마치고 집으로 데려왔다.
저녁밥을 먹은 후 할아버지께서 한 말씀 하셨다.
고래(古來)로 고래를 잘 잡아야 자손
이 번창하는 법이여–.

장아찌

장아찌만 있으면 밥 한 그릇을 뚝딱 해치우는 J씨가 도시락을
싸들고 낚시터에 갔다.

그리고 점심시간이 되자 옆에 앉은 아저씨에게 말했다.

"아저씨! 점심 먹읍시다."

"저는 도시락을 안 가져 왔는데요."

"그냥 이리 오세요. 나눠 먹으면 되지요."

"그럴까요? 미안해서 원!"

"여기 죽여주는 반찬이 있습니다."

"이상하게 생겼는데 뭐죠?"

"장아찌 모릅니까?
장아찌요."

"낚시 경력 30
년에 이렇게 생
긴 찌는 처음 보
는데요."

장어와 가두리

1.

멀리 떨어진 장어 양식장에 갔다.
"이거 가두리 맞죠?"
"아닌데요. 장언데요."
"분명 가두리 맞는데….”
"장어가 아니면 공짜로 다 줄게요."

2.

다음날 점심 때가 되어 동네 식당에 갔다.
"장어구이 주세요."
"몇 인분이요."
"둘이니까 둘이 분이죠. 가두리 말고요."
"우리 집은 전부 자연산이에요."

3.

잠시 후 장어구이가 나왔다.
"이거 가두리잖아요."
"자연산이라니까요."
"장어 달라니까….”
"이게 장어 아니고 뭐예요?"

어사 박문수가 특수 임무를 띠고 전국 순회활동에 들어갔다.
그런데 가는 곳곳마다 융숭한 대접을 하는 것이었다.
그 이유는 곧바로 밝혀져서 결과 보고서 용지에 차곡차곡 써 놓았는데 딱 한 군데 예외인 곳이 있었다.

"어사님! 어인 일이십니까?"
"제가 어명을 받고 전국을 떠돌고 있습니다."
"정식 문서가 있습니까? 보여 주십시오."
"암행이라 마패밖에 없는데요."
"그럼 감사를 받을 수 없소이다."
"왜요?"
"검열관이 공문서도 없이 무슨 점검이란 말이요."
"허허, 여긴 다르구면⋯."
"차나 한 잔 하고 가시죠. 공무집행 방해하지 마시고⋯."
"마패가 무섭지도 않소?"
"마패로 마구 펠 생각은 마시오. 개패로 개 패듯 하면 몰라도⋯."

소말리아

아프리카 대륙 동쪽에 있는 소말리아 공화국의 수도 모가디시오에서 가축 전시회가 열렸다.

주로 소와 말들이 출전하여 각자 자기 과시를 하였는데 소 대표와 말 대표가 마지막에 한바탕 붙었다.

먼저 소가 소리쳤다.

"야, 말! 너는 말로만 만사를 해결하려 하지?"

"소, 너야말로 무표정하게 속이려고만 하지 않니?"

"그럼, 어떻게 자웅을 가릴까?"

"달리기로 승부해 볼까나?"

"네가 아무리 잘 달려봤자 내 뒤야."

"왜?"

"여기가 소말리아 아니니? 소 다음 말이잖아."

"그건 그렇군."

"그러니까 입 다물고 가만히 있으면 굶기진 않으마."

"정말이지? 역시 넌 우직한 데가 있어서 좋아."

그 후로 소말리아는 소들의 천국이 되었다.

달 동네

달동네에 사는 모자(母子)가 어느 날 진지한 대화를 나눴다.

"엄마! 왜 달동네라고 해?"

"높으니까 훌쩍 뛰면 달을 잡을 수 있잖니!"

"그럼 계수나무에 올라가도 돼?"

"물론이지. 토끼를 잡아도 된단다."

"알고 보니 우리 엄청난 부자네."

"왜?"

"딴 나라는 달나라 가려고 엄청난 돈을 쓰잖아."

"전부 부모 잘 만난 덕인 줄 알아라."

"다음에 이사갈 때는 해동네로 가요."

"거기는 왜?"

"해가 달보다 훨씬 크잖아요."

"해는 너무 부시고 뜨거우니까 달동네에서 그냥 살자."

소나타

16세기 후반에 이탈리아에서 성악곡 칸초나를 기악화하여 소나타라고 부르게 되었는데 몇 세기가 지나는 동안 전세계로 확산되었다.

그러던 어느 날 음악에 조예가 깊은 S씨는 승용차를 구입하기 위해 대리점을 찾았다.

문을 열고 들어서자 직원이 반갑게 맞이하였다.

"어서 오십시오. 무엇을 도와 드릴까요?"

"승용차를 구입하려고 하는데요."

"여러 종류가 있습니다. 둘러보시죠."

"이건 소나타네요. 이탈리아젭니까?"

"무슨 말씀이세요? 우리 H사 제품인데요."

"사람은 물론 말이나 개도 못 타겠군요."

"예?"

"소나 타지 않습니까. 이건 소 한 마리만 타는군요."

"이탈리아 소나타는 그렇습니까?

"그건 아니고요~응? 여긴 소 두 마리, 저긴 소 세 마리용도 있네요."

"아~ 예. 그렇군요."

"그런데 한 마리용이나 세 마리용이나 크기가 비슷하네요."
"글쎄요. 새끼 소와 어미 소의 차이겠지요."
"그래요? 우리 마누라가 새끼를 배었는지 확인해 보고 다시
올께요."

궁시렁 궁시렁:　소나타!
소나∨타?

손자 병법

옛날 옛적, 그러니까 지금으로부터 2500여 년 전 중국 땅에 손무라는 현인이 있었다.

그때는 세상이 어지러운 춘추전국시대인데 오나라 왕 합려를 만나 국방부장관이 되어 절제 있고 규율 있는 군대를 만들었다.

그는 연병장에 병사들을 집합시켜 놓고 제식훈련, 총검술 등의 기초 훈련에 중점을 두고 체력을 증진시켰다.(히딩크가 보고 배움.)

그렇게 몇십 년이 지난 후 초·제·진 등의 나라를 굴복시켜 오나라 왕 합려로 하여금 패권을 장악케 하는 일등공신이 되었다.

이에 합려가 만족해 하면서 독대를 하였다.

"손무 장군! 대단히 수고가 많았구려."

"어인 말씀이시옵니까. 소인은 그저 제 할 일만 했을 뿐입니다."

"허허, 그런데 무슨 전법을 썼기에 우리 군이 강해졌소?"

"제가 나이가 먹어 갈수록 병사들을 손자 대하듯 했나이다."

"그렇습니까. 그럼 지금부터 손자 장군이라 부르겠소."

"황공 무지로소이다."

그 후 얼마 지나지 않아 손자 장군은 사직서를 제출하고 삼십육계 줄행랑을 쳤다.

왜? 더 있다가는 증손자 장군이 될지도 모를 것 같아서….

(역시 현인은 물러날 때를 아는군!)

갤러리

A: 갤러리 뜻이 뭐지?

B: 힐러리 동생인가? 언닌가?

A: 그건 아닌 것 같애.

B: 그럼 들러리 사촌인가?

A: 비슷하긴 한데….

B: 날씨가 갤려고 하는 것 아닐까?

A: 그것도 아닐 거야.

B: 아! 생각났다.

A: 뭔데….

B: 게을러 터진 놈을 말하는 거다.

A: 가장 비슷한 뜻인 것 같은데….

B: 사전 찾아보나 마나야. 틀림없어.

A: 그래도 혹시 아니면?

B: 미술 전시관 구경시켜 줄게.

추억

1.

가을이 되어 연인과 함께 들판으로 나갔다.
코스모스가 한들한들 피어 있는 길을 걸었다.
한적한 곳에서 가을을 만끽하며 억억 댔다.

2.

9월 봉급을 타서 카지노로 향했다.
그러나 2시간 만에 전부 날렸다.
가을에 1억만 따면 편히 지냈을 텐데….

3.

천고마비의 계절에 결혼식을 올렸다.
10년 전부터 미뤄 온 숙제를 해결했다.
초등학교 3학년 아들이 방긋 웃고 있었다.

4.

가을은 남성의 계절이라고 했다.
모든 여성들은 지하로 잠적해 버렸다.
억장이 무너지려고 하는 것을 겨우 참았다.

도토리와 상수리

가을이 되자 뒷동산에 도토리들이 많이 열렸는데 막내 아들은 하루종일 정신없이 도토리를 주워 콧노래를 부르며 집에 도착했다.

아들: 어머니! 도토리 좀 보세요.

어머니: 이렇게 많은 걸 어디서 땄니?

아들: 제 별명이 도토리 아닙니까.

어머니: 얼마 전까지 상수리였잖니?

아들: 키는 그대론데 옆 면적이 많이 줄었거든요.

어머니: 장하다, 내 아들아! 상수리는 닮지마라.

아들: 그런데 도토리와 상수리 중 누가 더 셀까요?

어머니: 얼마 전까지는 상수리였는데 이젠 도토리 아니겠니?

아들: 정말? 아이 좋아라.

어머니: 너무 좋아하지 마라. 조금 있다가 묵 만 들거다!

보석

가난하게 살던 P는 마누라에게 보석을 사주고 싶었다. 이리저리 궁리한 끝에 보석 가게를 털기로 마음 먹었다.

그러나 서투른 솜씨였기 때문에 물방울 다이아몬드는커녕 은반지 하나도 챙기지 못한 채 붙잡히고 말았다.

드디어 재판정에 선 P는 판사로부터 훈계를 듣고 석방되었다.

"피고는 이번이 초범인데다 실직까지 당해서 정상 참작을 하였소. 그리고 부인이 찾아와 2만원을 보석금으로 내놓으며 사정하기에 이번 한 번만 용서해 주겠소. 열심히 사셔야 합니다."

뛸 듯이 기쁜 P는 대꾸하였다.

"그러면 2만원으로 보석을 샀단 말입니까?"

사모곡

고등학생인 S의 어머니는 2남 4녀 6남매 중 막내이시다.

어느 날 약속이나 한 듯 이모 세 분이 1년 만에 집에 오셨다.

그리고 돌아가신 할머니 이야기를 하면서 막걸리도 곁들였다.
한참 시간이 흘렀을까. 라디오에서 속절없이 '사모곡'이 흘러
나오자 모두 찔끔찔끔 짜기 시작하셨다.

일모(제일 큰이모): 에구에구 서러워라, 서러워.

이모(둘째 큰이모): 뭐가 그리 서러운데…. 큰딸이라고 호강받아
　　　　　　　　　놓고선….

삼모(셋째 이모): 설거지, 청소는 전부 내 차지였당께.

사모(어머니): 언니들 먹고 쓰고 입고 남은 것 내가 먹고 쓰고
　　　　　　입었잖여.

방에서 듣고 있던 S가 문을 열면서 한마디 거들었다.

"이모 넷이 모여 사모곡만 듣고 있을랑가라~우. 노래방이라
도 가시지라우."

그러자 어머니께서 말씀하셨다.

"이놈아 너는 가서 공부나 해."

S가 자리에서 일어서며 대꾸했다.

"엄니는 사모로 태어나서 사모님 소리도 못 듣고…. 할머니가
불쌍하당께."

마사지

최근 경기가 되살아나면서 피부 미용에 관심이 많아졌다.

집에서 먹는 계란이 보통 개당 150원인데 마사지용 계란은 5,000원 해도 불티난다고?

어느 날 미용실에서 두 남자가 실랑이를 벌였다.

"계란 마사지 알지?"

"벼엉신! 계란 후라이 같은 소리 하고 있네."

"마사지용 계란이 얼만 줄 아나?"

"짜슥아! 150원 아이가."

"니 진짜 병신이가. 그리 세상을 모르나."

"그럼 만오천 원이가?"

"특별히 만원 빼줬다. 마! 싸지?"

도사

잘 아는 형님 부부와 순천 바닷가 동네를 가는데 중간에 형수
씨가 여러 군데 전화를 하는 것이었다.

주로 '나 ○○데 도사로 1시까지 와' 였다.

초행인 동생은 "도사"라는 말이 생소해서 물었다.

동생: 행님요, 도사가 뭐당가라.

형님: (능청을 떨며) 신선들이 모여 사는 곳이랑께.

동생: (깜짝 놀라며) 순천에 도사들이 겁나게 많구만이라.

형님: (미소지으며) 글쟁이가 그것도 몰랐당가.

동생: (고개를 갸우뚱하며) 도둑놈 맹그는 데 아니지라?

형님: (정색을 하며) 동네 이름이랑께, 동상.

동생: 정신 바짝 차려 뿌러야것네라. 그리고 이왕이면 동상 말
　　　고 금상했으면 쓰것는디요.

형님: 내가 태어난 곳이랑께, 동상! 아니 대상 해뿔소.

강아지와 개새끼

오후녘에 강아지를 끌고 동네 공원에 갔다.
비교적 많은 사람들이 운집해 있는데 싸우는 소리가 들렸다.

A: 야! 이 개새끼가 너희 거라고?
B: 분명 이 개새끼는 우리 것 맞다.
A: 너희 개새끼라는 증거가 어디 있냐?
B: 여기 있는 개 애미를 쏙 빼 닮았거든….
A: 우리 개새끼는 개 애비를 판박이 했는데?
B: 좋아! 그럼 가위바위보로 결정하자.

그 옆을 지나던 강아지가 가소롭던지 한마디 했다.
"개새끼 때문에 강아지 답답해 죽겠네."

해와 달

석양이 되자 해가 불그스름해지며 노을이 지고 있었다. 시골
에 사는 두 청년이 각각 해와 달이라고 우겼다.

급기야 둘은 저녁 밥과 술내기를 하였다.

마침 죽장에 삿갓을 쓴 나그네가 지나가기에 그의 판정에 따
르기로 한 것이다.

청년A: 나그네 양반! 저게 달 맞소?

청년B: (약간 긴장된 목소리로) 해가 맞죠?

나그네: (잠시 머뭇거리더니) 글쎄요.

A/B: 괜찮으니 분명하게 말해 주시오.

나그네: (머리를 굴리며) 하루종일 걷고 있소만 이 동네 안 살아서
　　　　잘 모르겠소.

궁시렁 궁시렁: 덤~ 앤~ 더~ 머~ 라지요.

세차와 두차

명절을 며칠 앞둔 어느 날 후배 승용차를 탔다.

"형님, 저기 주유소에 잠깐 들릅시다."
"차도 때가 되어 밥 달라는 모양이지?"
"그게 아니고 세차 좀 하게요. 세차권이 있거든요."
"그러지 뭐, 급한 일도 없는데….."
그런데 세차 대기 차량이 쭉 늘어져 있었다.
"순서 기다리려면 2시간 정도 걸리겠네요."
"그래도 하고 가야 명절 세지?"
"세차는 틀렸네요. 집에 가서 대충 할래요."
"그럼, 주인한테 잘 말해서 얼른 두차만 해 달라고 해라."

철수와 영희

동호인 모임에서 모처럼 야유회를 갔다.
그런데 오후녘이 되자 갑자기 소낙비가 내렸다.

총무: 빨리 짐을 정리해서 차 안으로 옮깁시다.
회원: 집으로 가는 겁니까?
총무: 상황을 봐서 철수해야죠.
회원: 우리 딸 영희는 어떻게 하고요?
총무: 우리 아들 철수와 엮으면 되겠네요.
회원: 그럼 사돈이 되는 겁니까?
총무: 아직 모르잖습니까.
회원: 시작이 반이니까 이돈쯤 하면 어떨까요.

깡들의 아전인수

세상을 살아가는 데 있어 모든 물체는 한 가지 이상의 특출한 재능을 지니고 있다더라.

깡들의 아전인수격인 몇 가지 사례를 들어 한번 확인해 볼까나.

새우깡: **오기로 구부려서 자니까 깡이 쎄지더라.(오기형)**

감자깡: 날 먹으면 눈 감자마자 잠이 온다니까.(수면제형)

고구마깡: 불그스름한 홍조를 띤다고 우습게 보지마.(과시형)

양파깡: 벗기고 또 벗겨봐라. 절대 못 준다.(지조형)

카드깡: 급할 땐 깡 해야지. 서로 좋잖아.(상부상조형)

그러자 깡패와 깡들이 합창했다.

"비록 안에 든 건 없어 요란하지만 한데 뭉치면 돈 된다!"

아그레망?

한 달 후면 외교사절로 떠나게 될 A씨는 일가족을 대동하고 피서를 떠났다.

그리고 개울가에서 투망질을 하며 즐겁게 놀다가 텐트로 되돌아 온 뒤 마누라와 대화를 나눴다.

마누라가 다소 걱정스럽게 물었다.

"언제 떠나는 거죠?"

"아마 한 달쯤 있어야 될 거요."

"날짜가 확정되지 않았나 보죠?"

"음, 아그레망(agrement)이 아직 통보되질 않아서….”

그러자 초등학생인 아들녀석이 끼어 들었다.

"아빠, 무슨 망?"

"아그레망!"

"조금 전에 물고기 잡던 그물망 말하는 거야?"

"아! 그래. 그게 아그레망이다.”

"그럼 그 망을 보내야 갈 수 있는 거야? 투망질 그만 하고 빨리 보내."

카센터에서 (1)

손님: 엔진이 이상해요.

사장: 어떻게 이상합니까?

손님: 되게 열 받았나 봐요. 무지무지 뜨거워요.

사장: 한참 열애 중인 모양이네요.

손님: 예?

사장: 엔진 오일도 갈고 냉각수도 보충해야겠네요.

손님: 그럼 엔진이 NG 된 겁니까?

사장: 그렇다고 볼 수 있죠.

손님: 왜 그런 현상이 벌어지나요?

사장: 손님은 밥만 먹습니까. 반찬도 먹고 물도 먹잖아요?

손님: 또 있는데요.

사장: 잠도 자죠? 생각나면 시동도 걸고….

카센터에서 (2)

손님: 사장님! 차 안에서 해 봤습니까?

사장: 뭘 해요? 땀나구만.

손님: 에어컨 틀고 하면 되잖아요.

사장: 저는 한 번도 해 본 적이 없습니다.

손님: 거짓말하지 마세요.

사장: 정말이라니까요.

손님: 저하고 내기할까요?

사장: 제 양심을 걸고 맹세합니다.

손님: 사실이라면 오늘 수리비는 공짭니다?

사장: 좋습니다.

손님: 맑은 날 차 안에서 해를 본 적이 한 번도 없습니까?

사장: 졌습니다. 여기까지만 고치겠습니다.

스탈린과 솔제니친

1.

스탈린: 내가 누군 줄 아느냐?

솔제니친: 볼펜 글씨 잘 쓰는 서기장님 아니십니까.

스탈린: 그런데 왜 나를 비판했는고?

솔제니친: 어부지리만 하려 하니까 그렇습죠.

스탈린: 그럼 독일을 상대로 싸우란 말이냐?

솔제니친: 독일 정도야 돌멩이 하나만 있으면 되잖습니까.

스탈린: 대위 주제에 나를 훈계하려 하느냐?

솔제니친: 삼청교육대로 보내 주십시오.

2.

스탈린: 강제노동 수용소 생활이 어떠냐?

솔제니친: 솔직하게 말하면 아직 버틸 만합니다. 의식주도 해
    결되고….

스탈린: 역시 젊음이 좋긴 좋은 모양이구나.

솔제니친: 이제 갈 때가 되셨습니까?

스탈린: 그렇다. 내가 가거든 울지 마라.

솔제니친: 웃을 거예요. 그리고 올 때처럼 잘 가세요.

스탈린: 너는 마르고 닳도록 살 것 같으냐?

솔제니친: 나프탈린 뿌리게 빨리 밥숟가락 놓으라니까요.

피서 여행

직장생활을 하는 두 연인이 휴가를 얻어 울릉도로 향했다.

배낭을 메고 삼등 완행열차에서 꾸벅꾸벅 졸다 보니 어느새 동해안에 도착하였다.

"자기야! 빨리 일어나."

"여기가 어디지?"

"어디긴 어디야. 갈매기 날으는 동해안이지."

"그래? 다시 배로 갈아타야지."

"근데, 바람이 세게 부는데?"

"할 수 없지. 근처에서 하룻밤 묵어야지."

"정말 오늘 밤에는 배 안 탈거지?"

"움직이는 배는 못 타니까 움직이지 않는 배라도 탈까?"

"나룻배든 똥배든 아무 배나 타고 보자."

"그런데 말야. 자기 똥배는 언제 들어가지?"

채털리 부인과의 사랑?

영국 작가 로렌스가 《채털리 부인의 사랑》이라는 소설을 썼는데 폭발적인 인기를 얻고 영화화되기에 이르렀다.

영화광인 Y씨는 이 영화를 보고 느낀 바가 있어서 영국으로 건너가 로렌스를 만났다. 그리고 대뜸 질문하였다.

"저는 대~ 한민국에서 건너온 Y라고 합니다."

"그렇습니까? 반갑습니다."

"그런데 채털리 부인을 좀 만나러 왔는데요."

"무슨 일 있습니까?"

"어떻게 하면 부인과 사랑을 나눌 수 있을까 해서요."

"음! 코리아에서 왔다고 했죠?"

"영어로는 그렇게 부르지요."

"좋은 아이디어가 생각났습니다."

"어떻게요?"

"부인 본명이 코니인데 지독한 골초입니다."

"알겠습니다. 코리아 재떨이를 코니 채털리 부인 앞에 내놓겠습니다."

"그럼, 거의 왕복 항공료 정도는 뽑으실 겁니다."

주연

'친구 2'를 촬영한다기에 친구들과 현장으로 달려갔다.

친구1: 주연이 누꼬?
친구2: 나 아이가.
친구3: 택도 엄따.
친구2: 와 내 턱이 없노. 여기 이꾸마는….
친구1: 오성이는 한물 안 갔나.
친구2: 내사 동건이와 딱 닮은기라.
친구3: 그래 만따. 술 사그래이.

친구 셋은 저녁까지 보다가 식당에서 주연상을 펼쳤다.

친구1: 친구야, 잘 먹었구마.
친구2: 정말 내가 주연이가.
친구3: 주연상은 물론이고 조연상도 다 니 타뿌라.

문구점에서

손님: (문을 열면서) 테이프 있어요?

주인: 무슨 테이프요.

손님: 청테이프 주세요.

주인: (약간 당황하며) 금방 떨어졌는데요.

손님: 얼른 잡으면 되잖습니까.

주인: (어리둥절해 하며) 예?

손님: (미안한 표정으로) 어떻게 떨어졌습니까?.

주인: 조금전에 마지막 물건이 팔려 떨어졌습니다.

손님: (혼잣말로) 떨어졌을 때 얼른 스카치 테이프로 붙이면 되
는데….

기상

   기상청에 근무하는 이기상씨는 조기 기상을 하여 걸어서 출근했다.

   한참 걷고 있는데 전파사 라디오 방송이 들렸다.

   "오늘 기상은 대체로 맑다가 오후 한때 흐리겠습니다."

   이기상씨는 대수롭지 않게 들으며 지나쳤고, 10시에 행사가 있어서 애국가를 4절까지 불렀다.

   "이 기상과 이 맘으로…."

   점심을 먹은 다음 춘곤증에 시달리다가 잠시 눈을 붙였는데 2시간이 지났고 상관에게 지적을 받았다.

   "기상! 이기상씨는 어젯밤에 뭐했지?"

   깜짝 놀란 이기상씨는 벌떡 일어서며 일기예보를 떠올렸다.

   "요즘 기상은 왜 이렇게 정확한 거야?"

제비와 수제비

월드컵이 열리기 직전의 따스한 봄날, 흥부네 집에 제비 한 마리가 날아들었다.

식구가 많아 수제비를 쑤던 마누라가 소리쳤다.

마누라: 여보! 제비가 날아왔네요.

흥부: 수놈이야, 암년이야.

마누라: 제가 그걸 어떻게 알아요.

흥부: (잠시 후) 분명 수제비가 맞네.

마누라: 어떻게 아는데요?

흥부: (손가락으로 가리키며) 저기 봐. 수제비가 둥지를 트니까 암제비가 뒤따라오잖아.

마누라: (자랑스럽게) 당신은 역시 천재예요. 우리도 그랬었죠?

흥부: (씁쓸한 미소지으며) 요즘 제비들은 돈도 잘 벌던데….

집시

코카커스 인종에 속하는 소수 유랑민족인 집시(GiPsy)들이 살기 좋은 땅을 찾아 한반도에 들어왔다.

그리고 계속 남하하여 전라도 광주(光州)에 도착하였는데 토착민들과의 마찰을 빚었다.

"야그들아, 니들은 어디서 와부렀당가?"

"우리들은 유럽에서 살기 좋은 곳을 찾아 여기까지 왔습니다."

"좀 요상시럽게 생겼는디?"

"집시라고 합니다."

"뭐라? 짚세기 신었다고?"

"그게 아니고 집시라니까요. 떠돌이 말입니다."

"알것다 알것어. 시집을 잘못 가서 쫓겨났군."

"아무튼 여기서 먹고살게 좀 해 주세요. 부탁합니다."

"알았쓴께 후딱 밥 먹고 접시부터 닦으랑께."

"고맙습니다. 그 다음에는요?"

"짚신이나 맹글어야재. 새끼부터 꼬드라고…."

돈키호테

　400년 전 스페인의 소설가 세르반테스가 《돈키호테》를 출간하였다. 이 소설은 2부작으로 구성되어 있는데 세르반테스는 제2부를 출간한 이듬해에 운명을 달리했다.

　그는 임종을 앞두고 돈키호테와 마지막 대회전을 갖게 되었다.

세르반: 돈키야! 돈 많이 벌었냐?

돈키: 글쎄요. 돈이 든 금고 키는 여기 있는데….

세르반: 있는 돈 잘 세어서 반만 나 줄래?

돈키: 조금 있으면 돌아가실 텐데 돈은 어디 쓰시려고요.

세르반: 돌아가시기는…. 지름길로 가야지.

돈키: 그럼 더더욱 돈이 필요 없겠구만요.

세르반: 내 딸 테스가 있는데 좀 도와 주려고 그런다.

돈키: 그렇다면 염려 놓으세요. 제가 책임질께요.

세르반: 어떻게 말이냐.

돈키: 아저씨는 죽으면 그만이지만 저는 후세 사람들에게 계속 읽힐 것 아녜요. 인세도 많이 받을 수 있고요.

세르반: 그럼 테스를 네게 맡기고 가마. 부탁한다.

돈키: 근데 몇 살이죠?

세르반: 이제 쉰을 넘겼으니 한 20년만 도와 주면 될 것이다.

돈키: 팍 쉬진 않았겠요? 당연히 혼자 살고 있을 테고요.

거울 앞에서

IQ 10: 저 안에 갇힌 놈은 답답하겠다.

IQ 20: 나와 비슷하게 생겼는데?

IQ 30: 나를 따라하네?

IQ 40: 반대로 하는 병신이구만!

IQ 50: 건드려도 반응이 없다?

IQ 60: 씽긋 웃어?

IQ 70: 인상도 쓰는구만!

IQ 80: 어쭈구리, 다양한 표정을 짓네?

IQ 90: 슬픈 거야, 기쁜 거야?

IQ 100: 그래봤자 너도 인간이야.

궁시렁 궁시렁: **사람아, 사람아~**